约伯记讲解

属肉的人
属灵的人
（上）

李载禄博士

URIM
BOOKS

本书所引圣经经文取自

《现代标点和合本》

约伯记前言

旧约《圣经》分成"律法书"、"先知书"和"圣录"三个部分。"律法书"就是摩西写的五经，是关乎人类起源和律法、献祭的教训；"先知书"涉及以色列的历史变更，以及先知的行迹和教训；而"圣录"则是关乎古代以色列的人生、智慧文学。

约伯记是"圣录"的其中一本。表述的是人生的苦难和神的旨意以及约伯的信仰。约伯这个名字据传有"回转的人"或"哭号的人"之意，但众说纷纭，真正的意义则不清楚。

约伯住的地方叫做乌斯，大约是在伊拉克与沙特阿拉伯的边界地带。有些学者认为约伯是文学作品中虚构的人物。但约伯的确是实际存在的人，《圣经》很仔细地告诉我们他住在哪里？他有几个儿女？有多少财产？

以西结、挪亚和但以理都是历史上真实的人物，《圣经》也告诉我们约伯是历史上真正存在过的人（以西结书14章14节；20节）。新约的雅各也提到约伯的忍耐（雅各书5章11节）。

约伯记词汇量庞大丰富，许多词汇在其它旧约《圣经》书卷中从未出现。同时，约伯记涵盖了一些很有深度的主题，包括天文学、地质学、动物学、海洋学、采矿学、旅行和法学等。约伯记堪称是世界文学杰作。

畅解人生问题，
引人成圣的智慧书

约伯记是《圣经》中难解的经卷之一。一般来说，人们对约伯记的理解是这样的：约伯正直、完全，然而神无缘无故使他受撒但的试探，但他没有埋怨，通过了所有的试探，从而得到是先前双倍的赐福。但只靠这么肤浅的了解，我们就不可能真正解开约伯记所引发的诸多疑问。

我从信耶稣开始，渴慕全然了解并遵行神道的愿望尤为迫切。于是我向主祷告，求主亲自为我解释《圣经》。为此我付出无数次的禁食祷告，历经七年，神终于应允我所求的。神使我在圣灵的感动中领受祂的启示，一一为我解开每句难解经文，其深邃之灵意，令我倍感欣喜。

约伯记对人心有细致入微的剖析，挖掘我们本性里的恶，显露深层的内心状态，因而使我们可以认识自我。最后，我们可以透过约伯记认清我们自己是属肉的人还是属灵的人，而且也透过这卷书能够领会成为属灵人的方法。"肉"是指改变的、不属真理的、属黑暗的俗世，而"灵"则是指真理、不变的、永恒的、光明的境界。

我从1986年12月开始，在周五的彻夜礼拜传讲主所教导我的约伯记。整整六年之久，直到1992年12月11日才告一个段落。我在传讲约伯记的时候，很多圣徒们因听到了信息而醒悟自己身上存在的问题，就照着真理破碎自我，生命发生了显著的改变。

约伯记蕴含着深邃的灵意，若不靠圣灵的感动解经，就不能完全领悟其中的实意。这卷书里面巧妙地回答了人生面对的诸多问题，也详细地讲解了神、人、撒但这三角关系中隐藏的属灵法则。约伯记列举了许多重要的人生课题，涉及范围极广，包括肯定之告白的重要性和信仰者的处世之道，以及蒙福的路径等。

神通过约伯这个实存人物，循序渐进地告诉我们神怎样在我们的生命中作工，好叫我们发现并解决自己的问题。约伯记如实留下了他与他的朋友的对话，故而其中有真理，也有非真理。我们惟有用神真理的话语去衡量，才能鉴定分辨出是非对错。

若我们彻底读懂了约伯记，我们便能得着智慧和能力，使我们胜过一切人生的问题和苦难。

我要感谢诗人李恩美女士，她把我的文稿汇编为约伯记讲解，同时感谢基督徒新闻社出版了这本书。我更要满心感谢父神，将一切荣耀归给祂，是祂让我们能把这本书出版。

我奉主耶稣基督的圣名为所有的读者祝福，愿所有读者们都能从这本书得到天国的盼望，并能领受灵魂兴盛，凡事兴盛，身体健壮的祝福。

2007年春天

李载禄博士

"我属灵的眼界因本书属灵的解释得到开启，我也深深被约伯记极高的文学性和艺术性所吸引。"

约伯是"受苦之人"的象征。当然，约伯所受的苦不能与耶稣相比。但拿瓦片刮身上的毒疮，受这样的苦可以说是"人类受苦"的极致。

李载禄博士所传讲的这本《约伯记讲解》推翻了我先前对约伯记的看法，给我一个崭新的神学见解。

先前我只知道约伯是个义人，他的妻子对他说："你弃掉神，死了吧！"（约伯记2章9节-10节），他便斥责他的妻子。约伯没有咒诅神，反而克服了死亡的痛苦，在财富上得到了双倍赐福。约伯的朋友却借机无理取闹，无缘无故地苦待约伯。

我年轻的时候曾在教会写过一本关于约伯记的剧本。现在回想起来，那完全是基于我对约伯和其三友的肤浅的认识。李载禄博士的这本《约伯记讲解》给我带来很大振奋。这本书精准合理引用了新旧约很多卷书，开启了我属灵的见识，使我很容易在现实生活中找到类似的现象。

当朋友们对约伯进行劝导的时候，约伯不应该进行反驳、对抗，而要承认自己的过犯与缺点，我对约伯不这么做感到很惋惜。谁知约伯的辩白大失体统，居然发展成甚至抱怨神、抗拒神的地步！

因为约伯记和启示录是《圣经》66卷书中最难理解的两卷书，所以按着各人的视角不同，会出现不同的神学观点。但李载禄博士说：《圣经》约伯记中所记载约伯的话，是出于约伯本人信仰观点。然而约伯的信仰观很多都是错误的，因此不能认为约伯的话全都正确。我觉得这是非常准确的见解。

以前，我有一个问题，百思不得其解。人犯罪的时候是不是会受苦？受苦是不是出于上帝的刑罚？

我们若认为以利法的说法是对的，那就会把我们的疾病和苦难一概都看做是因为我们犯罪造成的。李载禄博士对这个问题也有很清楚的解释。这是因为以利法傲慢，所以他才定约伯的罪。

即使我们的观点并没有错，也应该照神的真理，用合宜的方式讲出来。我们更不能凭着世上的哲学和自己的认知，自以为是，搬出一套"真理"去劝导别人。这就是我读这本书后的深刻领悟。

在书中我也再一次体认到：这世界上，除了赏赐我们生命也要审判我们的三位一体的真神，没有任何人可以论断别人

我对照经文来理解《约伯记讲解》所讲的主题。因为本书对经文解释很详尽，也很恰当，即使是向来难解的经文也可以轻松领

悟，而且还可以直接应用在我实际的生活中。

通过阅读本书的讲解，我深深被约伯记极高的文学性和艺术性所吸引。我能明白为什么《圣经》是世界上最畅销的书。

我要向当代的所有基督徒推荐这本书，就是那些相信苦难就是赐福，落在危难中也绝不抱怨神的人。

韩儒林
广播作家

约伯记讲解终极版,又一部经典力作

李载禄博士是万民中央教会的主任牧师,他给我的印象是很幸福快乐的人。因为他不仅将万民中央教会牧养成为世界有名的大型教会,他也得到世界各国会友完全的认同和爱戴。

除此以外,在国内、国外也借着他从神领受的权能医治了无数的人,并且引导这些人归向神。现在还有很多遭受疾病之苦的人,渴望李载禄博士为他们祷告。

有一件事是我们不该忽视的。就是他服事的终极目的并不是单使人病得医治,而是为要从他祷告得到医治的人可以得着救恩,得到属天的盼望。他医治的服事只是通往终极目的的一种过程。

我们的主耶稣传道的时间是很宝贵的,但祂还是在医治病人的服事上花费不少的时间。那么,耶稣服事的最终目的只是为了让人身体得健康吗?当然不是,祂彰显神的权能是为要让人们认识神,让人们赞美神的大能,让人们能得到救恩。同样,李载禄博士为很多人医治的服事也是为要引导人们能进入宝贵的天国。

《约伯记讲解》探讨了约伯的一生,包括他身体的疾病、受苦、康复,让我们看见约伯更新的属灵见解,了解约伯怎样亲眼看见神、得到天国的盼望。

一般人对约伯的看法是这样的：约伯是东方的一个义人，他忠心地服事神，有一天他因撒但无理的控告而落在很严重的试炼和病痛之中，但因他忍耐到底，没有报怨神，神就让他复原，并赏给他加倍的赐福。也就是说：约伯在这个受苦的过程中没有犯罪，而他的朋友因为论断和定罪就算为不义了。

　　《属肉的人 属灵的人》这本书，从根本上推翻了以往人们对约伯记肤浅的理解。约伯被称为正直、完全的人，但因为约伯只有属肉的信心，不仅对天国没有正确的认识，也不清楚神的公义。他的确是尽力使自己的行为完美，但认真讲，他的心并没有受割礼。有些经文也说到他怕失去地上的财富，这足以证明他对神缺乏信心，没有完全的信赖感。

　　因为超过限度的试炼和苦难，他的信心就崩溃了，他变得很愤怒，也充满报怨，隐藏在他内心深层的恶也就显露出来了。通过一段这样的试炼和苦难之后，他拥有了属灵的信心。

　　透过约伯记这个神奇的剧本，我总算知道李载禄博士医治人的肉体和灵魂的目的就是要引导众多的人进入天国。

　　这本《约伯记讲解：属肉的人 属灵的人（上）》与李载禄博士

的其它著作《信心的大小》、《十字架之道》、《天国》和《地狱》是相互呼应，一脉相通的。因为神对人类的救赎过程就像约伯经历疾病、试炼、康复之后，天空中升起的神立约的彩虹。万民中央教会的主任牧师李载禄博士认为约伯记的核心意义就在这里。他不断地揭开天国的奥秘，劝人努力进天国。他的目标不在叫瘸腿的人丢掉拐杖，而是大声疾呼要他们用强壮的腿努力走进天国。

我听说李载禄博士年轻的时候百病缠身，有"病篓子"的绰号。他及时遇见了真神，所有的病即刻得到医治，然后他就满怀热心地献身于神的国度。因为他曾遍尝肉体重病的苦楚，痛苦的呻吟，因此，这本《约伯记讲解》阐释约伯的苦楚格外生动真实。约伯病得医治之后看见了天国的荣耀，李载禄博士解释天国的荣耀也格外壮观华美。

贯穿李载禄博士书中的信息都如他所宣讲的真理一样单纯有力。但因他的书有实实在在的见证为基础，令人印象深刻，久久不能忘怀。他讲道富有属灵的权柄和魄力，但生活中他是很温和的人，给人的印象极度谦和，充满爱心，即使对小孩也是非常注重。这便是他丰盛的生命写照。

我相信这就是万民中央教会的圣徒这么爱他的原因。

我很高兴看到这本可以叫灵里沉睡的人苏醒的书，也很高兴与国内外的众多基督徒一起分享如此大的喜乐与感动。

金炳宗
哲学博士、首尔国立大学教授

目录

目录

第一章

完全正直的约伯

乌斯地有一个人，名叫约伯；那人完全正直，敬畏神，远离恶事。（1章1节）

1. 行为圣洁的约伯

> 乌斯地有一个人，名叫约伯；那人完全正直，敬畏神，远离
> 恶事。（1章1节）

神不像人那样根据外表判断人。祂察看人肺腑心肠，参透人的内心世界，能够准确无误地辨认出正直的人。神察看约伯的内心，便认定他是个完全正直的人。

"完全"的词义是：完整、齐全、完美、完善、纯粹。然而，其灵意是：行为上显出温柔。"温柔"是指品性温良柔顺，给人以温和的感觉，同时兼具德行。

如果一个人外表看似温柔，但在无故被人打耳光，或遇到忍无可忍的状况时会生气动怒，那么他就不能算是温柔的人了。

还有"正直"的词义是：公正无私、刚直坦率。然而，正直的灵意则是：既不欺人，也不自欺。神所认可的正直人，是连自己对自己的约定也能持守的人。不会自欺的人，自然不会做出损人败德之事。

据经上记载：约伯不仅是个完全正直的人，也是个敬畏神的人。"敬畏"的词义是：既敬重又畏惧。

敬畏神的人就是相信神的人，所以他们会畏惧神。这样的人，必会远离一切恶事（帖撒罗尼迦前书5章22节），除净一切罪污，

谨守遵行神的话语。道成肉身，降世为人的耶稣，也因敬畏神的缘故，全然以阿们顺从，为诚信真实见证的（启示录3章14节）。圣经《新旧约全书》上的那些信心的楷模——古人先知和使徒们，也因敬畏神的缘故，彻底舍己，为神尽忠。唯独顺从真理，遵行神道的人，才算得上是敬畏神的人。

当一个人初入信仰之门、信心不足的时候，对神没有太多的畏惧感，然而随着信心的增长，他们会渐渐懂得神是大而可畏的。随着信心的增长，他们对神的了解也越发加深，便不会犯罪，从而对神的畏惧感也渐渐消失，进而转化为敬重，以至能够从内心里爱神。

约伯是一个敬畏神的人，所以神称他为谨守神道，远离恶事的人。约伯知道永活的神恨恶邪恶，于是不敢犯罪。但是在后面的情节中，我们可以看出约伯事奉神，是出于对神的畏惧，而不是出于爱神。

> 他生了七个儿子，三个女儿。他的家产有七千羊，三千骆驼，五百对牛，五百母驴，并有许多仆婢。这人在东方人中就为至大。他的儿子按着日子，各在自己家里设摆筵宴，就打发人去请了他们的三个姐妹来，与他们一同吃喝。筵宴的日子过了，约伯打发人去叫他们自洁。他清早起来，按着他们众人的数目献燔祭；因为他说："恐怕我儿子犯了罪，心中弃掉神。"约伯常常这样行。（1章2-5节）

神在这段经文中告诉我们完全正直，敬畏神，远离恶事的人在这地上所要蒙受的祝福。约伯得称为"东方人中为至大"，如今也一样，凡得神称许的人，都能像约伯一样得享地上的一切美福——资财丰盛、子女兴盛、身体健壮。

在这段经文里，三千或七千等数目本身并无多大意义。《圣经》上，三是代表神的数目；七是代表完全的数目。这里屡次出现三和七，是要表明约伯是个敬畏神，远离恶事的人，所以神亲自将自己的旨意行在他的身上，即表明约伯是大蒙祝福的人。

因约伯是正直完全的人，所以他的儿女们也彼此和睦友爱。若一家之主有好的榜样，儿女们自然会彼此和睦，健康善良地成长。按着日子，约伯的儿子们各在自己家里设摆筵席，请三个姐妹前来一同吃喝。然而，他们的这种和睦，其实不是属灵的和睦，乃是属世的和睦。

当然，爱心冷淡的现今时代，很多家庭连这种属世的和睦都做不到。约伯虽然过着富足的生活，但他内心的一个角落里却常有不安与忧虑，因为他知道儿女们没有敬畏神的心。

约伯一直担心儿女们在神面前行不合理的事，因此时常向神献上燔祭，为儿女们赎罪。经上说"约伯常常这样行"，由此可知约伯的确称得上是个敬畏神，远离恶事的人。

旧约时代，当人违背了律法时，才算为罪。神的百姓每犯一次罪，都要向神献燔祭，使罪得赦。约伯也因着常献燔祭与神，得以保持行为上的圣洁。不过，洞察人内心的神真正喜悦的是：我们做成心里的割礼，而非行为上的割礼。

新约时代，因着保惠师圣灵降临，凡相信耶稣基督十字架宝血的人，都可以靠着圣灵的能力做成内心的割礼，即离弃心里的污秽罪孽，改变乖戾的性格，成为属真理的人。

神允准约伯受熬炼的根本缘由，也是要叫他做成心里的割礼，成就圣洁无暇的心，而不只停留在行肉体割礼的层面。

2. 撒但的本质

> 有一天，神的众子来侍立在耶和华面前，撒但也来在其中。耶和华问撒但说："你从哪里来？"撒但回答说："我从地上走来走去，往返而来。"耶和华问撒但说："你曾用心察看我的仆人约伯没有？地上再没有人像他完全正直，敬畏　神，远离恶事。"（1章6-8节）

对于这段经文中的"神的众子"，有的《圣经》学者说是指天使。然而，希伯来书1章5节记载："所有的天使，神从来对哪一个说，'你是我的儿子，我今日生你'？又指着哪一个说，'我要作他的父，他要作我的子。'"照这段经文所说，神从来没有把天使或灵界的任何一个受造之物称之为儿子。

创世记1章里记载着神创世的工作。创世记1章26节："神说：'我们要照着我们的形像，按着我们的样式造人……'"这表明圣父、圣子、圣灵三位一体的神，共同参与创造之工。

还有在约伯记38章6-7节里说："地的根基安置在何处？地的角石是谁安放的？那时，晨星一同歌唱，神的众子也都欢呼。"在此也提到"神的众子"，意思是神在立地的根基时，在创造之工进行的过程中，神的众子也都感动并欢喜。

这里所谓"神的众子"指的是耶稣基督和三位一体的神之一、将来奉差做善工的圣灵。约伯记第1章里所提及的"神的众子"也是指圣子和圣灵。

或许有人问："神是无瑕疵、无玷污、圣洁的，邪恶的撒但怎么可能与神对话呢？"他们之所以这样问，是因误以为撒但能到神所在的地方，当面与神对话。

但是我们要知道，撒但是无法进到包括伊甸园在内的天国的任何一个地方，更不能来到神的宝座前。神鉴察宇宙万物。祂的本体虽在天上的宝座上，但祂可以察看遍地，也可以自由自在地运行。在属灵的世界里，神只要愿意，不论在哪个场所，都能与撒但进行对话。

那么撒但是谁呢？

关于撒但的由来，《圣经》是这样说的："明亮之星，早晨之子啊！你何竟从天坠落？你这攻败列国的，何竟被砍倒在地上？你心里曾说：'我要升到天上，我要高举我的宝座在神众星以上；我要坐在聚会的山上，在北方的极处；我要升到高云之上，我要与至上者同等。'"（以赛亚书14章12-14节）

"明亮之星"在英文《圣经》译本中为Lucifer，"路西弗"是其谐音。路西弗曾是神的天使长。在神创造人类以先，它曾担任赞美神的职务。路西弗因长时间蒙神的宠爱，不知不觉间萌生了骄傲之心，想要与神同等。于是引诱自己影响力下的天使和基路伯的元首之一龙，以及龙所辖的众兽，合谋掀起了叛乱。

有关龙的记载，在《圣经》中处处可见。如启示录12章9节："大龙就是那古蛇，名叫魔鬼，又叫撒但，是迷惑普天下的。它被摔在地上，它的使者也一同被摔下去。"《圣经》把一些兽归类为可憎之物，因为与其同类的灵界的兽，曾参与了路西弗的反叛（利未记11章）。

路西弗终被神的天兵打败，从神的宝座那里被驱逐到空中（第二层天）。此后，路西弗以自己为核心，打造邪灵的世界，并建立组织体系。路西弗掌管自己手下的龙和龙的众使者、撒但，以及魔鬼等邪灵来与神对敌（参照创世记讲解）。

撒但日夜控告

人违背真理，犯罪作恶，或者行神眼中看为不相宜的事，撒但就会在神面前昼夜控告他（启示录12章10节）。神以公义治理万物。当人行神眼中看为恶的事，神只能许可仇敌魔鬼撒但对他进行试探。但若没有正当的理由，神是不会接纳撒但的控告，使人遭到撒但的试探。

人类的始祖亚当摘吃了神所禁戒的善恶树果，触犯了灵界的法则。从而不得不把自己身为万物之灵长所具有的权柄交给撒但。

神咒诅引诱夏娃的蛇，叫它终身吃土（创世记3章14节），这里"土"是指用土所造的我们人类；"蛇"指的是仇敌魔鬼撒但。这意味着不遵行神的话语，生活在黑暗中的人，总要成为仇敌魔鬼撒但的食物。

仇敌魔鬼撒但日夜向神指控人的罪，按人罪的轻重，给人带来试探和患难，并加以辖制和操控。但是对那些顺从神真理之道，除去各样罪恶，行在光明中的人，仇敌魔鬼撒但是无法害他的。

3. 撒但依着灵界的法则进行控告

通过《约伯记》，读者可以在神、人、撒但这三角关系中学到灵界的法则。

第1章7节里，神问撒但从哪里来。全知全能的神难道不知道撒但从哪里来吗？《圣经》之所以如此详细地记录神与撒但的对话内容，是为了让人们从中认识到撒但控告的诡计得逞的过程。

在创世记中，神咒诅撒但要终身吃土，于是撒但现今也在遍地游行，寻找那些远离神的道，在罪恶中生活的人们。不过，若没有神的允准，即便人犯了罪，撒但也不能"吞吃"他，因为神是慈爱、公义的神。

撒但遍地游行，寻找可吞吃的人，寻到了，就到神面前进行控告（彼得前书5章8节）。因为撒但对约伯的指控，不违背灵界的法则，所以公义的神便允准了撒但的要求。

撒但为了绊倒蒙神爱的约伯，就一直用心察看他。无所不知的神便问撒但说"你留意观察我的仆人约伯了吗？"由于不信神的人已在撒但的掌控之中，必然因罪而至于灭亡，因此撒但不必用心察看他们。反之，越是努力行真理的人，撒但越是用心窥探他们，好抓住把柄，在神面前控告他们。

如此，撒但只能对违背真理的人进行亵渎和搅扰，对那些信神并行在光明中的人则束手无策了。

> 撒但回答耶和华说："约伯敬畏神，岂是无故呢？你岂不是四面圈上篱笆围护他和他的家，并他一切所有的吗？他手所作的，都蒙你赐福；他的家产也在地上增多。你且伸手毁他一切所有的；他必当面弃掉你。"（1章9-11节）

撒但对人心之诡诈了如指掌，牠知道人们往往唯独在蒙神赐福获得财物、健康、名誉时才会向神谢恩。因此，撒但在神面前控告说：约伯敬畏神乃是由于神对他赐福甚大的缘故。有些人得到恩典与祝福的时候，还能以感恩的心过信仰生活。但是一旦遇到试探，就忘乎神恩，陷入迷惑，甚至向神发怨言。

神的儿女敬畏神的最大原由，是因为神拯救了我们，并赐我们永恒的生命，给我们敞开了永生的道路。所以身为神的儿女，如果只在得到祝福的时候才敬畏神，这是错误的信仰。

撒但说：神"四面圈上篱笆围护"约伯一切所有的，表示神亲手保护约伯所经营的一切，并使他富富有余。撒但知道人心诡诈，便向神指控约伯，开始试探约伯的心。

> 耶和华对撒但说："凡他所有的都在你手中，只是不可伸
> 手加害于他。"于是撒但从耶和华面前退去。(1章12节)

撒但知道神有祝福与咒诅的权柄。因此，撒但求神允许它毁掉约伯的所有。神允准了撒但的请求，但不许撒但伤害约伯的身体。

因为神知道撒但接下来就要索取约伯的性命。人类的生死祸福是神所掌管的，因此没有神的允许，撒但是不能害人性命的。也就是说：没有神的许可，撒但是无法给人带来试探、患难或死亡的。

然而，在这里重要的是：撒但的这次控告是不当的。

撒但虽然把约伯所有的财产，以及他的儿女全部取去，然而约伯不但没有埋怨神，反而称颂神（约伯记1章20-22节）。

那么，全知全能的神为什么允准撒但的控告呢？

神所称赞的是约伯完全、正直的一面，至于他的缺点和不符合真理的一面则没有提到。撒但控告约伯是有根据的，神也因知道这一点，便允准了撒但的请求。

如果约伯的心里丝毫没有非真理，即便撒但进行百般的控告，神也不会允许撒但试探约伯。

4. 约伯胜过撒但的第一次试探

有一天，约伯的儿女正在他们长兄的家里吃饭喝酒，有报信的来见约伯说："牛正耕地，驴在旁边吃草，示巴人忽然闯来，把牲畜掳去，并用刀杀了仆人；惟有我一人逃脱，来报信给你。"(1章13-15节)

撒但一经神的允准，就开始试探约伯。

神只将约伯所有的，都交在撒但的手中。所谓约伯所有的，除了约伯的所有财产以外，也包括他的子女。

约伯的儿女们正在长兄家里设宴吃喝时，在地里干活的仆人前来向约伯报噩耗：示巴人忽然闯来，抢走了牲畜，并用刀杀了干活的仆人。

　　人生在世难免遭遇试探，不管他是信者，还是不信者。面对试探，信神的人只要通过神的话语发现自己的问题并悔改归正，他就能蒙神的恩典，东山再起，甚至得到比先前更大的祝福。不信神的人则不然。他们只能依靠自身的努力去解决问题，除非偶遇幸运过关，否则大多数情况则是越陷越深。

　　撒但对约伯进行第一次试探，利用外邦人掠夺了约伯的财产。如今很多人也有类似的遭遇，他们虽然口称信神，却因没有得到神的保守而上当受骗，蒙受巨大损失。

　　即便面临这般境地，我们也绝不能埋怨神，倒要查出自己不蒙保守的原因、问题之所在，并且悔改归正，问题自然就会得到解决。

　　他还说话的时候，又有人来说："神从天上降下火来，将群羊和仆人都烧灭了；惟有我一人逃脱，来报信给你。"

　　（1章16节）

　　仆人的话音还没落，另外一个仆人接踵而至，禀报从天降火烧灭群羊和仆人的悲讯。这是约伯所遭遇的第二次灾殃——火从天降，烧尽了约伯的所有财产。

　　旧约《圣经》里出现烈火的审判，以及神给以利亚先知降火显应的记录。旧约是新约的影子，是凭着行为得救的时代，故而有时神将天上的火显给人们看。新约时代，则由于神本体的真像——耶稣亲自来到这世界，神通过耶稣的行迹，或《圣经》上的记录，把许多可信的凭据显现于我们，从而没有必要显降火的神迹。

约伯所遭受的这种灾殃，在现实生活中也随处可见——耗巨资建造的大楼或厂房一夜之间被火烧尽，前功尽弃，或因台风或各种天灾，农作物被毁等等。

或许有人想，天灾是无情的，殃及所有的人。其实不然，基督徒只要信仰虔诚，就能蒙神保守，免遭天灾。比如：他们会在圣灵指引下，种植不受旱灾或台风影响的农作物，以至别人遭灾时他们却不受其害。

> 他还说话的时候，又有人来说："迦勒底人分作三队，忽然闯来，把骆驼掳去，并用刀杀了仆人；惟有我一人逃脱，来报信给你。"（1章17节）

撒但第三次毁了约伯的产业。当时约伯如果明白灵界的法则，在受到撒但的控告，遭遇大灾时，省察自己，并且悔改归正，必能挽回更大的损失。然而，他因没有这么做，便遭遇更大的灾殃。

撒但蓄谋地利用外邦人掠夺了约伯全部的产业。

这相当于现今人们受到熟人或不信神的世人蓄意的欺诈，损失财产的情形。

他还说话的时候，又有人来说："你的儿女正在他们长兄的家里吃饭喝酒，不料有狂风从旷野刮来，击打房屋的四角，房屋倒塌在少年人身上，他们就都死了；惟有我一人逃脱，来报信给你。"（1章18-19节）

经过三次试探，撒但毁掉了东方首富——约伯的一切财产，这下击毁了约伯仅剩的房屋和儿女。约伯的七男三女摆设宴席吃饭喝酒时，狂风大作，摧毁了房屋，他们全部丧命。

"房屋四角"都是柱子，是建筑物中最重要的部分。因此，"击打房屋的四角"意味着击打约伯心中的支柱——他的儿女们。一夜之间失去巨大财产和儿女的约伯，心如刀割，悲痛欲绝。

落到这种境地，大多数人都会埋怨神是残酷的神，抱头哀鸣，捶地哭号。可是完全、正直的约伯，此时此刻不说一句怨言，反倒称颂神，向神谢恩。

约伯便起来，撕裂外袍，剃了头，伏在地上下拜，说："我赤身出于母胎，也必赤身归回。赏赐的是耶和华，收取的也是耶和华；耶和华的名是应当称颂的。"在这一切的事上，约伯并不犯罪，也不以神为愚妄(或作"也不妄评　神")。（1章20-22节）

"撕裂外袍"是降卑己心的行为表现，表示自己卑微和软弱，也是"若没有神的帮助，我将一无所能"之心境的表露。

意即："儿女不是凭我的能力生的；财产也不是靠我的能力赚来的。一切都是神赐福的结果，我算不得什么。"此时，约伯彻底降卑自己，进行悔改。

"撕裂外袍"又表示约伯对自己的愚拙和缺乏德行的反省；对自己的无能，即没能在真理里面正确教导和养育儿女的懊悔，以及失去儿女的悲伤之情。

我们若完全远离恶事，活出真理，骄傲和老我就会从我们心中消为无有，只有真理——耶稣活在我们心中。凭着"在我是不能，但靠主耶稣凡事都能"的信念，专心依靠仰赖神的人，即便神收走了自己的一切，也不会对神不平不满。

接着"剃头"是表达约伯已失去了自己所有的一切。男人的头是基督（哥林多前书11章3节），约伯用剃头的方式来表示曾经所拥有的一切都是从神来的，而现在神又把一切都收取，使他一无所有。

旧约时代的人是用行为来表达对神的信仰，所以约伯剃了头，伏在地上下拜，说："我赤身出于母胎，也必赤身归回。赏赐的是耶和华，收取的也是耶和华；耶和华的名是应当称颂的。"约伯不但没有埋怨神，反而向神谢恩。

这就证明撒但的控告——"约伯敬畏神是因为神祝福他产业的缘故"是错误的。

撒但凭什么控告约伯? 神为何要允准撒但试探约伯呢?

从第二章开始, 这些问题的解答, 将淋漓尽致地呈现于读者。

第二章

埋怨神的约伯

1.撒但的第二次试探

2.约伯误解神无故赐福或降灾

3.约伯三个朋友的出现

约伯就坐在炉灰中，拿瓦片刮身体。他的妻子对他说："你仍然持守你的纯正吗？
你弃掉神，死了吧！"约伯却对她说："你说话像愚顽的妇人一样。哎！难道我们从神手里得福，
不也受祸吗？"在这一切的事上，约伯并不以口犯罪。(2章8-10节)

1. 撒但的第二次试探

又有一天，神的众子来侍立在耶和华面前，撒但也来在其中。耶和华问撒但说："你从哪里来？"撒但回答说："我从地上走来走去，往返而来。"耶和华问撒但说："你曾用心察看我的仆人约伯没有？地上再没有人像他完全正直，敬畏神，远离恶事。你虽激动我攻击他，无故地毁灭他；他仍然持守他的纯正。"（2章1-3节）

撒但的试探没能动摇约伯的信心。因为正如神说，约伯是个完全正直的人。

事已至此，撒但理应收场，蒙羞退后，可是撒但不肯善罢甘休，继续控告约伯。这是为什么呢？

当世人托付对方某种难办的事时，往往不直接进入主题，而是先绕一下圈子，然后才把实情说出来。

撒但也是利用诡计，即利用这种迂回的手法，企图达成目的。其实撒但早知道物质上的试探难不倒约伯。

撒但控告人非常顽固执拗，直至抓不到一点把柄，它也不肯善罢甘休。因此，我们应当在真理里面站得稳，否则会时常遭受试探和患难。

神由于爱自己的儿女的缘故，当他们信仰根基不稳，偏离真理而行，或者因罪而走向死亡时，就会向他们掩面，直到他们悔改归正，更加完全。

希伯来书12章5-6节说："你们又忘了那劝你们如同劝儿子的话，说：'我儿，你不可轻看主的管教，被他责备的时候，也不可灰心。因为主所爱的，他必管教，又鞭打凡所收纳的儿子。'"

神的儿女若是无论面临任何试探和患难，都能喜乐并感恩，他们便能胜过各种试炼，大蒙神的祝福。

约伯胜过了第一次试探，不愧为神所认定的完全正直的人。但由于约伯的心里还存留着非真理，因此撒但仍要继续控告约伯。

撒但对约伯的内心了如指掌，它所感兴趣的不是夺取约伯的财产。

所以撒但不肯罢休，继续控告约伯。

公义的神也只能按着灵界的法则，允许撒但继续进行控告。

撒但回答耶和华说："人以皮代皮，情愿舍去一切所有的保全性命。你且伸手伤他的骨头和他的肉，他必当面弃掉你。"耶和华对撒但说："他在你手中，只要存留他的性命。"于是撒但从耶和华面前退去，击打约伯，使他从脚掌到头顶长毒疮。（2章4-7节）

在这里撒但控告说："人以皮代皮，情愿舍去一切所有的保全性命。"意思是约伯一旦生命受到威胁就会埋怨神。

撒但要求神允许它击打约伯的骨和肉。

我们的生、死、祸、福都是由神来掌管的。撒但时刻寻找控告我们的把柄，一旦寻到，就立刻控告在神面前。

因为神是公义的，所以当撒但的控告合理时，神就必须允准撒但的要求。

只有在神允准的情况下，撒但才可以给人带来试探。

总之，神不会允准无辜的人受试探；撒但也不能未经神的许可就擅自击打人。

"伤骨头和肉"意味着使骨骼变形，随之人的外形也扭曲，以致生命受到威胁。

撒但的意思是：因为约伯的生命未受到过威胁，所以他还敬畏神，如果他的生命受到威胁，他必然埋怨神，以至敌对神。

众骨互相联络形成骨骼，骨架与肉组成人的形像。

击打骨和肉，会使骨骼变形，形像扭曲，故此，这种试探是危及生命的试探。

撒但承认神掌管人类生死祸福，并有赐福与咒诅的权柄，于是请求神说：请允许我伸手伤约伯的骨和肉，倒要看看约伯是否真的像神认定的那样完全正直。

合神心意的人常蒙神的看顾与保守，撒但自然无法控告他。

不经神的许可，撒但是不能把任何一种试探和患难带给人。

因此，我们若遇见试探，应当迅速到神面前悔改自己的罪，以便得到神的保守。

经神的许可，撒但开始击打约伯，使他从脚掌到头顶长满毒疮。

毒疮是一种恶性皮肤病，靠现代医学也难以治愈。约伯身上生的毒疮是从骨节处化脓一直延伸到皮肤表面，奇痒难耐，极其痛苦。

从局部开始的毒疮，越挠越蔓延，以至遍布全身，从脚掌到头顶体无完肤。

2. 约伯误解神无故赐福或降灾

约伯就坐在炉灰中，拿瓦片刮身体。他的妻子对他说："你仍然持守你的纯正吗？你弃掉神，死了吧！"约伯却对她说："你说话像愚顽的妇人一样。哎！难道我们从神手里得福，不也受祸吗？"在这一切的事上，约伯并不以口犯罪。（2章8-10节）

约伯坐在炉灰中手挠患处，越挠越痒，奇痒无比，只好拿瓦片来刮自己的身体。

旧约时代，"坐在炉灰中"是极其降卑自己、向神悔改的极致表现。

约伯在如此的窘境中也没有埋怨神，然而他的妻子却置约伯的痛苦于不顾，反而咒诅他说：神既然把你推进这般绝境，你还要信祂吗？干脆弃掉你的神，死了算了！

约伯的妻子不像约伯那样有仁慈的品性，是个不敬畏神的女人。

约伯时常担忧儿女学他们的妈妈得罪神，因而时常为儿女们献祭。

约伯的妻子不但没有安慰约伯，反而恶狠狠地咒诅约伯下地狱。

人若咒诅神，并且死了，必然落入地狱。面对这样的妻子，约伯仍以平和的口气对她说："你说话像愚顽的妇人一样，难道我们从神手里得福，不也受祸吗？"就这样约伯并没有开口埋怨神。

不过，从中可以看出约伯对神有误解，以为神无故赐福或降灾。然而，神并非他想象的那样，祂不但不会无凭无据赐福于人，更不会无缘无故降灾于人。

出埃及记15章26节记载："又说：'你若留意听耶和华你神的话，又行我眼中看为正的事，留心听我的诫命，守我一切的律例，我就不将所加与埃及人的疾病加在你身上，因为我耶和华是医治你的。'"

还有在申命记28章1-6节说："你若留意听从耶和华你神的话，谨守遵行他的一切诫命，就是我今日所吩咐你的，他必使你超乎天下万民之上。你若听从耶和华你神的话，这以下的福必追随你，临到你身上：你在城里必蒙福，在田间也必蒙福；你身所生的、地所产的、牲畜所下的，以及牛犊、羊羔，都必蒙福；你的筐子和你的抟面盆都必蒙福。你出也蒙福，入也蒙福。"

约伯记是从约伯的信仰观点上进行记述的，因此我们不能认为约伯的话都是真理，其中也记载着约伯错误的信仰观。唯独清楚分辨不符合真理的部分，才能正确地解释约伯记。

那么，我们怎样才能蒙神的赐福？人们因什么原因遭到撒但的控告而遭殃？

神不会无故降灾于人，祂管教人必有原因，无非是人行了不相宜的事。

正如神在申命记28章15-19节所说，谨守遵行神话语的人必蒙赐福；不遵行神的话、不听从祂命令的人，必受咒诅。

约翰福音8章32节说："你们必晓得真理，真理必叫你们得以自由。"我们不明白真理，就不能在真理里面得享自由，因而会给撒但留下控告的把柄。

约伯虽然知道祝福是从神来的，但他误解神会无故降灾于人，这种对神错误的认识，自然招致撒但的控告。

约伯虽然剃头降卑自己，但他因误解神是无故降灾病的神，便无法发现自己的缺欠，也不知道自己哪些方面需要悔改。

约伯由于没有正确领悟神的话语，因而把神看作是随心所欲的独裁者。

约伯因持有这种错误的信仰观而得不到神的保守，便受到撒但的控告，遭受灾殃。

约伯当时若及时醒悟自己受试探的原因，便能挽回局面。然而，约伯因没能发现自己缺欠的缘故，无从知道自己遭灾的原因，只好继续受到撒但的试探。

3. 约伯三个朋友的出现

> 约伯的三个朋友，提慢人以利法、书亚人比勒达、拿玛人琐法，听说有这一切的灾祸临到他身上，各人就从本处约会同来，为他悲伤，安慰他。他们远远地举目观看，认不出他来，就放声大哭。各人撕裂外袍，把尘土向天扬起来，落在自己的头上。他们就同他七天七夜坐在地上，一个人也不向他说句话，因为他极其痛苦。（2章11-13节）

约伯是有德行的人，平时也乐于助人，所以他有很多朋友。约伯的朋友们听到约伯一夜之间倾家荡产，儿女夭折，疮痍满身的消息，便抱着疑惑不解的心态前来劝抚。

这三个朋友与约伯素有深厚的交情，分别叫提幔人以利法、书亚人比勒达、拿玛人琐法。

他们从远处看见约伯的样子，果然与传言相符，极为震惊，就放声大哭，各人撕裂外袍，扬起尘土落到自己头上，七天七夜与他一起坐在地上，沉痛默哀，只字不语，因为找不出一句安慰他的话。

然而，令他们意外的是：素来敬畏神，在这一切事上并不以口犯罪的约伯，竟然起先开口咒诅自己的生日。

第三章

约伯的埋怨与叹息

1. 约伯咒诅自己的生日
2. 约伯献上的属肉的祭

我为何不出母胎而死？为何不出母腹绝气？为何有膝接收我？为何有奶哺养我？(3章11-12节)

1. 约伯咒诅自己的生日

此后，约伯开口咒诅自己的生日，说："愿我生的那日和说怀了男胎的那夜都灭没。愿那日变为黑暗；愿神不从上面寻找它，愿亮光不照于其上。"（3章1-4节）

《圣经》告诉我们：人的身体是神所赐的，人在身体上动刀是神所禁戒的，人不能随便处置自己的身体。

可是约伯在此咒诅自己的生日，可见约伯毒疮的痛苦已到极点。

那时代的人们注重传宗接代的观念，故而重男轻女，喜悦男孩的出生胜过女孩。

当约伯出生的时候，他的父母也一定是因生了儿子而喜出望外。

约伯因着疾病缠身、所有的一切都被毁，便醒悟自己生为男人也是毫无意义，一切都是虚空又虚空。

于是约伯悲叹，开口咒诅自己的生日。

这里约伯所说的"黑暗"是指阴间。就是指无意义的存在、没有生命且一事无成的状态。约伯借以表示自己已变成一个一文不值的废人。

约伯是在咒诅自己的生命，埋怨自己的生身父母，悲叹自己从母腹中生出来。

"如果那日黑暗,我就没有出生,我的生命也不会存在!"约伯在悲观地看待自己的降生。

约伯由于承认神鉴察人心,管理人的灵魂,因此对掌管自己生命的神心怀不平。

他抱怨神说:如果神没有顾念他,不将生命的种赋予他,他就不至于受这般苦难;如果世界没有亮光,即便他出生在世,也会因细胞无法生长而丧命。都怪神赐下光明普照世界,使我安然存活下来。

"愿黑暗和死荫索取那日,愿密云停在其上,愿日蚀恐吓它。愿那夜被幽暗夺取,不在年中的日子同乐,也不入月中的数目。"(3章5-6节)

"黑暗"是指阴沉无光的状态。

约伯是说:如果黑暗和死荫索取他出生的那日,他便会遭害,从而不会来到这个世界。

"愿密云停在其上"意指若那日是阴天有下雨的征兆,他的父母就会忙于照顾农作物和羊群等,因此无暇行房,他自然就不会降生在这个世界。

这里"日蚀"便是日食。约伯不停地哀叹，又拿日食作比喻。

太阳、月亮和地球正好处在一条直线的时候会出现日食现象，因月亮挡住了日光，便呈现白天如黑夜的现象。

现代人一般都懂得这天文知识，便不会觉得稀奇，但是对科学尚未发达的当时而言，日食现象可是个令人胆战心惊的事情。

如果白昼变得像黑夜一般，人们由于恐惧而无法正常行房，约伯便不会出生于世，"黑夜被幽暗夺取"也是如此。

"不在年中的日子同乐，也不入月中的数目。" 这也是约伯针对自己的出生所表示的抱怨和叹息。

> "愿那夜没有生育，其间也没有欢乐的声音。愿那咒诅日
> 子且能惹动鳄鱼的，咒诅那夜。愿那夜黎明的星宿变为黑
> 暗，盼亮却不亮，也不见早晨的光线（"光线"原文作"眼
> 皮"）；"（3章7-9节）

如果那夜没有生育，约伯就不会降生；如果没有父母行房时欢乐的声音，或没有得子而欢喜的日子，约伯也就不会存在。

鳄鱼的样貌丑陋恐怖，象征着邪恶。有配偶的人与情妇（情夫）鬼混，他们的心就像鳄鱼一般丑陋、污秽和邪恶。

能惹动大鳄鱼的人，就能无所畏惧地行出常人所不能行的事。约伯借以表示自己切盼有人能把他的性命夺走。

约伯恳切盼望有一个像鳄鱼一般凶恶的人来咒诅那夜晚和自己的生日。这是因为他恨恶自己的出生。

《圣经》上 "星"指的是人,就如神祝福亚伯拉罕说要赐他后裔多如天上的星。

"黎明的星"是指应许之言;"黎明的星宿"则指约伯的父母。

就是说:约伯的父母如果没有守住那晚行房的约定,就不会怀上约伯,无论怎样光明的环境也不能怀胎生子。

假如这个世界没有黎明,就会变成黑暗的世界,世界和万物也终必灭绝,以致约伯的父母也不会怀上约伯。

"因没有把怀我胎的门关闭,也没有将患难对我的眼隐藏。我为何不出母胎而死?为何不出母腹绝气?为何有膝接收我?为何有奶哺养我?"(3章10-12节)

约伯哀叹道:如果把母亲怀我胎的门关闭,母亲就不会怀上我,我便不会遭遇这样的患难。

即使那日母亲怀上了我,如果成死胎出母腹,或因难产而死,如今也不用受到如此大的痛苦。这下约伯开始埋怨起生养自己的父母。

约伯又说:即使我出生了,母亲如果不喂奶,我就会饿死。都怪母亲顺产，还喂奶哺养我，使我落入这般苦境。

约伯尽管知道自己的灵魂是由神掌管的，却仍咒诅自己的出世。

归根结底，约伯是在埋怨神，而不是埋怨其父母。

> "不然，我就早已躺卧安睡，和地上为自己重造荒邱的君王、谋士，或与有金子、将银子装满了房屋的王子一同安息。或象隐而未现、不到期而落的胎，归于无有，如同未见光的婴孩。"（3章13-16节）

这里约伯还说自己如果没有出世，或经死胎而产，就早已到阴间躺卧安睡。

他还说在那里与那些在地上为自己重造荒邱的君王、谋士，或与富贵的王子一同安息。

如果死产，他就会像因堕胎而从未见过光的孩子一般，不会活在世上。

约伯所说的这些话，是非真理，是出自他个人对真理的观点。

> "在那里恶人止息搅扰，困乏人得享安息，被囚的人同得安逸，不听见督工的声音。大小都在那里，奴仆脱离主人的辖制。"（3章17-19节）

约伯的意思是：我因死产到了阴间倒好，那里恶人止息搅扰，困乏人得享安息，被囚的人同得安逸。约伯是在讲述阴间之生活状貌。

这里所谓"督工"是代表着一切约束，包括自己对自己的约束；上司、长辈，或神道的约束等等。约伯说阴间里没有约束，是自认为那里的人没有大小之分。

不过这只是约伯自己的想法而已，根本不合乎真理。

拉撒路在世敬畏神，死后去了上阴间，在亚伯拉罕的怀里安歇；而一生一世只求奢华宴乐的财主，死后则落入下阴间，在永不熄灭的火坑中永受刑罚（路加福音16章19-31节）。

照此看来，恶人和善人死后都要到阴间，但阴间分上阴间和下阴间，同时各人所受的待遇也截然不同，约伯说的话显然是错误的。

"受患难的人为何有光赐给他呢？心中愁苦的人为何有生命赐给他呢？他们切望死，却不得死；求死，胜于求隐藏的珍宝。他们寻见坟墓就快乐，极其欢喜。人的道路既然遮隐，神又把他四面围困，为何有光赐给他呢？我未曾吃饭，就发出叹息；我唉哼的声音涌出如水。"（3章20-24节）

约伯由于旦夕之间失去了全部财产和儿女，雪上加霜毒疮又遍及全身，心里极其悲伤痛苦。约伯便咒诅自己的生命，切盼死期早日来临，但却不能尽如其意。

假如人知道地下有宝藏，必会拼命去挖掘开采。约伯说"求死，胜于求隐藏的珍宝。"借以表示自己痛不欲生，求死心切。

如今，"求死"已成为约伯唯一的"期盼"，故而他每当进食的时候，就发出叹息。

约伯"未曾吃饭，就发出叹息；"并非由于没有食物，乃是由于吃饭会延长自己的生命。而且，布满全身毒疮之苦，使得他呻吟的声音涌出如水。

不过，有的人在吃灵粮时也会叹息。

人在世俗彷徨的时候，不懂真理，暗昧无知，放荡不羁，可是一旦接待耶稣基督，脱离黑暗走进光明，就开始聆听神属灵的话语。

他们通过读经、听道得知基督徒要圣守主日、不能喝酒、不可嫉妒、要弃绝各样罪恶等真理，然而，他们吃这些灵粮，反倒越吃越感到吃力，因为吃了还要消化，即要脱去自己的旧习和老我。

该离弃的不离弃，心里就会压抑苦闷，渐渐失去圣灵充满，以致欲要离弃，却力不从心，从而虽然不停吃灵粮，却在灵里叹息，就像饭前叹息的约伯一样。

2. 约伯献上的属肉的祭

> "因我所恐惧的临到我身；我所惧怕的迎我而来。我不得安逸，不得平静，也不得安息，却有患难来到。"（3章25-26节）

约伯平时对神心存畏惧，害怕神总有一天会无故管教他。现在苦难临到，约伯便毫无掩饰地表白自己本有的心思。

他曾经害怕神击打他，降灾病与他，他所恐惧的，现在果真临到了他身上`。

约伯所献的祭，并非神所悦纳的属灵的祭，也非出于爱神的心，也不是用心灵和诚实献的。

他所献的是属肉的祭，是出于生怕不献祭会使子女遭灾，或咒诅临到家庭。约伯的告白就是这一事实的明证。

启示录21章8节说："惟有胆怯的、不信的、可憎的、杀人的、淫乱的、行邪术的、拜偶像的和一切说谎话的，他们的份就在烧着硫磺的火湖里，这是第二次的死。" 从这段经文中，我们可以得知胆怯的人是不能得救的。

他们胆怯是由于虽然读经、听道，却没有对神的确信，依旧与世俗为友，犯罪作恶。这样的人是不能得救的。

箴言26章2节说:"麻雀往来,燕子翻飞,这样,无故的咒诅也必不临到。"

约翰一书3章21-22节说:"亲爱的弟兄啊,我们的心若不责备我们,就可以向神坦然无惧了。并且我们一切所求的,就从他得着,因为我们遵守他的命令,行他所喜悦的事。"

无故的咒诅是不会临到的。约伯因不知道这样的真理,便把神当作是可怕的神。

因此,约伯向神献燔祭是由于惧怕神,而非凭着发自内心的真爱。

约伯说他因丧去一切财产和儿女,生活根基彻底崩溃而"不得安逸,不得平静,也不得安息。" 从中可以看出约伯是个属肉体的人,既没有属灵的信心,也没有属天的盼望。

约伯如此满口怨言和哀叹,自然就没有平安与安息。

约伯曾经的平安与安息是建立在属肉的条件之上,然而真正的平安与安息是唯独从神而来。

拥有真信心的人,即使得病,也能凭信心向神交托仰望,因此心里仍旧平安。一个人即使在世无子无女,无可居之所,只要他有对天国的盼望,就能得享安息。

旧约是新约的影子,但也不表示神在旧约只看重人外表的行为。

因为人们彼此之间不了解属灵的事，所以神将眼见为实的属肉的事作为人们情感交流的载体。但神并不希望祂自己与人中间的关系是属肉体的。神是灵，因此祂只接受属灵的事。

按照旧约的律法，人即使动淫念，或怀恨在心，只要没有付诸行为，就不被定为有罪。

然而，神不但察看人的一言一行，而且还察验人肺腑心肠。因此，人心中怀藏罪恶，神也视其为罪。

新约时代，人心里动邪念也算为罪。

亚当之子该隐和亚伯向神献祭，该隐的祭不蒙悦纳，而亚伯所献的"血祭"则蒙悦纳（创世记4章4-5节）。

"血祭"是指尽心，尽意，尽性献上的属灵的祭，即用心灵和诚实拜神的属灵的礼拜。

我们若用心灵和诚实拜神，建立属灵的信心，无论遇到任何试探和患难，也不会失去喜乐、平安与感恩。

如果一个基督徒喜乐和感恩之心因着遭遇逆境便一扫而光，那这个人只能算是一个属肉体的人，从灵里看他们是婴孩。

神命扫罗王击打亚玛力人，灭尽他们所有的，但扫罗王却动用人意，留下肥壮的牛羊不杀，借口说是要给神献祭。

按属世的眼光看，这是合理的举措，然而在神看来这是抗拒神命、悖逆"听命胜于献祭"（撒母耳记上15章22节）这一神言。

神没有悦纳扫罗土所献的属肉的祭，屡教不改的扫罗最终被神厌弃。

《圣经》说人应当怕神。此话所指的意思是：神是公义的审判官，因此人要相信有天国和地狱，并以敬畏的心遵行神的话语，战兢恐惧做成得救的功夫，不可犯罪。

我们只要顺从神的道，谨守遵行祂在《圣经》上的诫命，祂必应允我们所求的一切，并与我们同在，故而祂是我们的慈父。

然而，人若出于惧怕而侍奉神，是没有真信心的明证。

约翰一书4章18节说："爱里没有惧怕；爱既完全，就把惧怕除去，因为惧怕里含着刑罚，惧怕的人在爱里未得完全。"

约伯虽是神所认可的完全、正直的人，但他的内心深处还仍隐藏着非真理。

于是神为了使心爱的约伯除去心中的恶，得到灵魂兴盛，凡事兴盛，身体健壮的祝福，就允准撒但试探他、带给他患难。

神不会无故熬炼自己的儿女。

人受熬炼必有原因，无非是有违背真理之处。因此，我们要凡事省察自己，发现自己的欠缺，悔改归正，好使我们凡所求的都蒙应允，归荣耀于神。

第四章

提幔人以利法的辩论

1. 以利法判定约伯是恶人

2. 以利法的属灵状况与他的骄傲

请你追想，无辜的人有谁灭亡？正直的人在何处剪除？
按我所见，耕罪孽、种毒害的人都照样收割。（4章7-8节）

1. 以利法判定约伯是恶人

> 提幔人以利法回答说:"人若想与你说话,你就厌烦吗?
> 但谁能忍住不说呢? 你素来教导许多的人,又坚固软弱的
> 手。你的言语曾扶助那将要跌倒的人,你又使软弱的膝稳
> 固。但现在祸患临到你,你就昏迷; 挨近你,你便惊惶。"
>
> (4章1-5节)

约伯的朋友以利法听到约伯咒诅自己的生日,抱怨自己的父母,实在听不下去,就先开了口。

在此我们当要留意的是:在约伯和朋友的对话内容中,有些是符合神的旨意,但其中很多是出于人意,与真理相悖。

神之所以将这些内容也记录在其中,是因为有这样做的必要。

以利法正在愤然陈述着自己的看法。

在以利法看来,现在约伯变了,跟以前判若两人。

以利法比较昔日和现在,觉得约伯此时的行为实在不妥,便心生厌恶,燃起怒火。

从《圣经》的教导看,以利法的作法是不合真理的。

雅各书1章19节说:"我亲爱的弟兄们,这是你们所知道的。但你们各人要快快地听,慢慢地说,慢慢地动怒。"

马太福音7章1-5节说:"你们不要论断人,免得你们被论断。因为你们怎样论断人,也必怎样被论断;你们用什么量器量给人,

也必用什么量器量给你们。为什么看见你弟兄眼中有刺，却不想自己眼中有梁木呢？你自己眼中有梁木，怎能对你弟兄说'容我去掉你眼中的刺'呢？你这假冒为善的人！先去掉自己眼中的梁木，然后才能看得清楚，去掉你弟兄眼中的刺。"

然而，以利法却自以为是，偏执己见，肆意论断，激烈地批评约伯。

第3节里，以利法说约伯"素来教导许多的人"。约伯之所以能够教训众人，是因为他为人正直，深孚众望。

"软弱的手"是指没有生存欲望的状态。

约伯经常勉励和扶持这类人，使他们重新找回生存的欲望。

"将要跌倒的人"是指灰心丧志的人。

约伯常用言语扶持那些因事业毁于一旦或失恋而丧心失志，自寻短见的人，带给他们信心与勇气。

那么"使软弱的膝稳固"是什么意思呢？人膝盖稳固有力，才可行走。所以"使软弱的膝稳固"是与人的行为有关。

约伯时常帮助那些生活贫困或缺乏行为能力的弱势群体。

约伯是个富足的人，他可以凭着资力去扶持那些需要资助的人们，将力量、勇气和希望带给众人。

以利法看到约伯如今倒是落入悲惨境地，已是跟那些曾经领受他教训和帮助的人同等，就郁闷难耐，带着反感的情绪责备约伯。

那么，神为什么要允许记录这些内容呢？

我们应当省察自己是否跟约伯是一样的人。

当有人因着遭遇试探而向我们咨询时，我们若被恩典所充满，就可以对他说："你若有过犯，就要悔改。只要信靠仰赖神，神必会解决你一切的问题。你若在神面前禁食祷告，必蒙垂听，因为祂是满有慈爱和公义的神。"

然而，当自己遇见那种试探时，你是否也会像约伯一样抱怨和哀叹呢？

神通过约伯的例子使我们看清自己在被恩典所充满时和遭遇试探时的不同心态。就可以知道自己的工程怎样。遇到试探的时候，只要我们祷告、禁食，并悔改归正，就可以排解一切难处。

使徒保罗虽因耶稣的缘故受打、被囚，蒙受了百般的苦难，但他却一次也没有埋怨过神。我们也当拥有这样的信心。

"你的倚靠，不是在你敬畏神吗？你的盼望，不是在你行
事纯正吗？请你追想，无辜的人有谁灭亡？正直的人在何
处剪除？"（4章6-7节）

以利法的情绪越发激化，措辞强烈地指责约伯的错。不过，这不但没有让约伯悔悟，反倒惹得他心里激起怒火。

我们若用爱心劝勉人，对方就会感受到我们的爱心，便乐意接受劝言，反之，带着负面情绪劝勉人，就会容易伤害对方的感

情，从而遭到对方的拒绝和排斥。

约伯倚靠神是由于他敬畏神。"倚靠神"是指信靠神并凡事向神交托。"敬畏"是指敬重又畏惧。

约伯虽然敬奉神，但他对神心存惧怕。他信神是全知全能的，便把神当作自己生命中的倚靠。然而，至于约伯是否真正敬畏神和倚靠神，有待查考。

敬畏神就是谨守遵行神的话语（申命记28章）。我们如果确信在神没有难成的事，必会在一切事上倚靠神，并且凡事向神交托和仰望。

约伯渴望自己的行为完全，能够在神面前无可指摘。

身为朋友，以利法通过平时与约伯的交往和沟通，清楚了解约伯的为人。

然而，由于遭遇试探和患难，约伯此时的言行与平时截然不同。

以利法的意思是：约伯，你倚靠神，不是因你敬畏神吗？但是听你口中的言语，你曾经倚靠神，无疑是虚假的。你若真正敬畏神，绝不会说出这样的话。你岂不是渴望在神面前行得完全吗？你这愚拙的人哪！你自己想想吧，人灭亡无非就是因为有罪，如果你真是正直的人，神岂能不赐福于你，使你凡事畅通无阻吗？

第7节里，以利法反问约伯说："无罪灭亡的人是谁呢？"

那么，人能无辜灭亡吗？

罗马书6章23节说"罪的工价乃是死"，由此看来，人灭亡的原因是因着罪。

以诺和以利亚因着度过圣洁的生活，无瑕疵，无玷污，所以没有见到死亡就活活地被提升天。

神分明承诺与正直和仁义的人同在，并使他凡事亨通。

因此，以利法所说的"正直的人，在何处剪除？"是属真理的话。

但以利法说这话并非因着深明真理之道，而是出于他自己的信仰观。他像约伯一样，是信神的人，但由于对真理懵懂无知，他所说的话，有些是对的，有些则是错误的。

> "按我所见，耕罪孽、种毒害的人都照样收割。神一出气，
> 他们就灭亡； 神一发怒，他们就消没。"（4章8-9节）

耕罪孽，种毒害，必然结恶果。我们是神所耕种的田地，神希望我们的心能够成为"好土"。

每个人的心地都不一样。有的人是路旁地，有的人是土浅石头地，有的人是荆棘地，还有的人是好土。约伯的心就是那种好土。

以利法说："耕罪孽、种毒害的人都照样收割。" 就这点看来，

以利法的说法是没有错的，但问题是以利法的这话是出于臆测和论断，他的意思是：约伯受毒疮之苦，是因为耕种罪孽，自食其果。

以利法好像在说："据我看来，你这是由于耕罪孽，种毒害，收苦恶之果！神一出气，你必灭亡，也就是说，你必因神的话语而灭亡，因神发的怒气而消没。"

以利法在断定约伯是个恶人。

但约伯并不是以利法所说的那种恶人，而是完全正直的人。约伯既没有耕罪孽，也没有种毒害，他倒是耕正直，种良善。

约伯抱怨和哀叹并非因为他心地顽恶，而是由于不明白真理、不知道自己遭遇的真正原因、未能亲身经历神的缘故。

由此可见，约伯的朋友对约伯的看法与神对约伯的看法是截然不同的。

以利法因不胜自己心里的恶，便不停地口吐恶言。

"狮子的吼叫和猛狮的声音尽都止息，少壮狮子的牙齿也都敲掉。老狮子因绝食而死，母狮之子也都离散。"（4章10-11节）

狮子是百兽之王，"狮子的声音止息"意味着生命的终结。再年轻力壮的狮子，一旦掉了牙，就无法捕获食物，便沦为无用之物。

并且狮子老了就没有足够的体力去捕猎动物。

以利法的意思是：堪称百兽之王的狮子，如果牙被敲掉，就失去捕猎的能力而不中用。狮子老了，也因无力捕食而饿死，以致幼狮也都离散。狮子有强壮的时候，也有衰老的时候，人生在世也是如此，人的命运是注定的，是无法改变的……。"

以利法是在讲述着这个世界的规律，他说人生时好时坏，都是命中注定的。

但这不过是属世的道理，与神真理之道是相悖的。

出埃及记15章26节说："你若留意听耶和华你神的话，又行我眼中看为正的事，留心听我的诫命，守我一切的律例，我就不将所加与埃及人的疾病加在你身上，因为我耶和华是医治你的。"

这是神对我们的应许。祂说只要我们谨守遵行祂的话语，祂必保守我们免受一切疾病之苦。

只要我们凡事以敬畏神的心，凭信心行事，神就照着马可福音9章23节的约言——"你若能信，在信的人，凡事都能。" 使我们没有难成的事，并照着"种什么收什么"的原则，赐我们丰盛的祝福（加拉太书6章7-8节）。

因此，以利法所说"人生苦乐无常，有兴就有衰"的道理是属世的，并不是出自神的旨意。

因此，我们当明白以利法的话并不正确，是出自他自己的想法和观点。

当我们读约伯记的时候，应当辨明哪些部分是神的话语，哪些内容是出自人意的言辞。

但现实中把这些出自人意的话语当成神的话语来领受和引用的人却不在少数，这是应该纠正的。

2. 以利法的属灵状况与他的骄傲

"我暗暗地得了默示，我耳朵也听其细微的声音。在思念夜中异象之间，世人沉睡的时候，恐惧、战兢临到我身，使我百骨打战。"（4章12-14节）

这里"世人沉睡的时候"是指夜深人静的时候。以利法在深夜看到了异象。

他虽然经历了属灵的事，却不十分了解，从而感到愁烦。与约伯为友的以利法，自然对神有一定的了解。

虽然以利法没有遇见神的经验，但他曾经研究过律法，也曾听过有关亚伯拉罕或摩西先知等伟人的一些典故。

你有在深夜独行深山的经验吗？

若没有神与我同在的确信，当你孤身走在幽暗的小巷或深山老林中时，难免胆战心惊，毛骨悚然。

以利法正是有过那种毛骨悚然的感觉。

"有灵从我面前经过,我身上的毫毛直立。那灵停住,我却不能辨其形状;有影像在我眼前。我在静默中听见有声音说:'必死的人岂能比神公义吗?人岂能比造他的主洁净吗?主不信靠他的臣仆,并且指他的使者为愚昧;'"

（4章15-18节）

有灵从以利法面前经过,虽没有看清,但他感觉到有灵经过,他便感到毛骨悚然。

当人初次经历属灵事的时候,往往会经历到这种现象。

灵虽然肉眼看不到,但是有灵经过,或有仇敌魔鬼进行搅扰时,即使是初信的人也能有所感应。

在我作执事的时候,时常在教会通宵祷告,当时教会的劝事们也常来祷告。

祷告进行30分钟,我就再没有听见她们祷告的声音,便睁开眼睛一看,原来她们都在打瞌睡,那时我经历到了属灵的事。

我看到仇敌魔鬼在搅扰她们的祷告,使她们困乏以至沉睡。于是我用方言大声祷告斥责说:"仇敌魔鬼撒但退去吧!所有使人困倦的魔鬼、打瞌睡的魔鬼都退去吧!"做完祷告,那些劝事们奇迹般地醒过来了,我又可以听到她们祷告的声音了。

当我这样厉声斥责仇敌魔鬼的时候,可以感觉到鬼急速转身擦身而过。

提幔人以利法的辩论

"神啊! 求你用圣灵的火垣保守她们丝毫不受仇敌魔鬼的搅扰!" 我这么一祷告就可以看到劝事们又开始热切地祷告。

"真奇妙! 只要李执事在, 我们整个晚上都能充满地祷告……"

每当听到她们这话的时候, 我就心里暗暗地笑。

一个人即使没有领受看异象的恩赐, 只要他灵性敏锐, 就能凭着感觉去辨认属灵的事。

我们教会也有很多人, 祷告的时候至少能够分辨有灵在运行或邪灵在搅扰等属灵的现象。

要正确分辨诸灵

16节说: "那灵停住, 我却不能辨其形状; 有影像在我眼前。"

以利法感觉到有灵前来站在跟前, 但却分不清那是撒但的灵还是奉神差遣的灵。

如果他能准确分辨就没有理由恐惧、战兢、百骨打战。

以利法相信神的存在, 因此力求听到神的声音。

以利法说: "必死的人岂能比神公义吗? 人岂能比造他的主洁净吗? 主不信靠他的臣仆, 并且指他的使者为愚昧;"

以利法曾乐意领受约伯的教训, 因为他认为约伯是敬畏神的人; 他也学习过律法, 但他和约伯一样没有亲身经历过神, 从而还没有达到能够辨别诸灵的境界。尽管如此，以利法正在动用人意，讲述自己一个小小的属灵经历，暗示那是神亲自指示他的。

我们可以因着信，在神面前得称为义，进而逐渐发现并离弃自己的罪，就会越发成圣，越发成为义人，但绝不能像神一样百分之百公义和圣洁。

所谓"必死的人岂能比神公义吗？人岂能比造他的主洁净吗？"这是天经地义。

人的确不能与神同等，也不能比神公义、圣洁，这是真理之言，无可非议。

但18节说："主不信靠他的臣仆，并且指他的使者为愚昧；"这话是不对的。

神因信赖亚伯拉罕，便呼召他并炼净他，立他为信心之父，借着他成就自己的美意。

神一向信赖照祂自己的旨意所拣选并设立的仆人，如：摩西、大卫、保罗等。

神既然立了自己的使者，就不会说他的使者为愚昧，反而给他们恩典与能力，使他们好好完成自己的使命。

想想神是何等的神！祂岂能拣选蠢笨或愚昧的作他的使者呢？又怎能对自己亲手所立的仆人说："你为何如此愚昧呢！"

预知，预定，拣选，这是神拣选祂自己仆人的方式。神在万世之前预知一切，参透各人器皿之大小，并且拣选可信赖的人作祂的仆人，成就祂的美意。

现在以利法时而说真理的话，时而又说违背真理的话。

如今也是如此。

譬如：有这样一些圣徒，他们平常多多祷告，并声称自己时常听到圣灵的声音，但很多时候他们所听的却不是真正的圣灵的声音。

此外，错误地引用神言的人也不在少数。

因有过属灵的经历而骄傲的以利法

"'何况那住在土房、根基在尘土里被蠹虫所毁坏的人呢？早晚之间就被毁灭，永归无有，无人理会。他帐棚的绳索岂不从中抽出来呢？他死，且是无智慧而死。'"（4章19节-21节）

以利法将约伯比作"住在土房、根基在尘土里被蠹虫所毁坏的人"。

是在形容曾是东方首富的约伯，如今已倾家荡产，身无分文，窘迫至极。

但把人说成不堪蠹虫一击则未免太夸张了。

在以利法看来，约伯早晚之间所有的尽被毁灭，永归无有。他就像断翅的飞鸟，失根的树木，毫无复苏的希望，便断定约伯从此将永远从人们的记忆中消失。

拔除帐篷的绳索，乃是除掉帐篷被毁之残余，意味着不遗余迹的泯灭。

以利法是在讽刺这等人连死都没有智慧。

"约伯，从前你妄自博学睿智，总是教训和开导别人。可如今，你的智慧在哪里呢？你若是智慧人，岂能落到这种地步！"

以利法素来尊敬约伯并时常领受他的教训，但他看到约伯如今家道败落，人财两空，就残酷无情地蹂躏其人格尊严。

耶稣时代的法利赛人和律法师们虽身为解经讲道的先生，却能说不能行。现在以利法灵里的光景是跟他们毫无区别的。

以利法声称自己在异象中被灵所感，领受了"神"的话。这是以利法骄傲的表现。

他不仅单凭外表论断并诽谤约伯，而且还因灵里骄傲而妄称自己在异象中听到神的声音，然而，他能这么说约伯，其实是受到了撒但的搅扰。

第五章

愚昧人的愤怒与嫉妒心

1. 灵里骄傲的以利法曲解神的话误导人

2. 属肉的人生观与属灵的人生观之差别

3. 言行不一的以利法

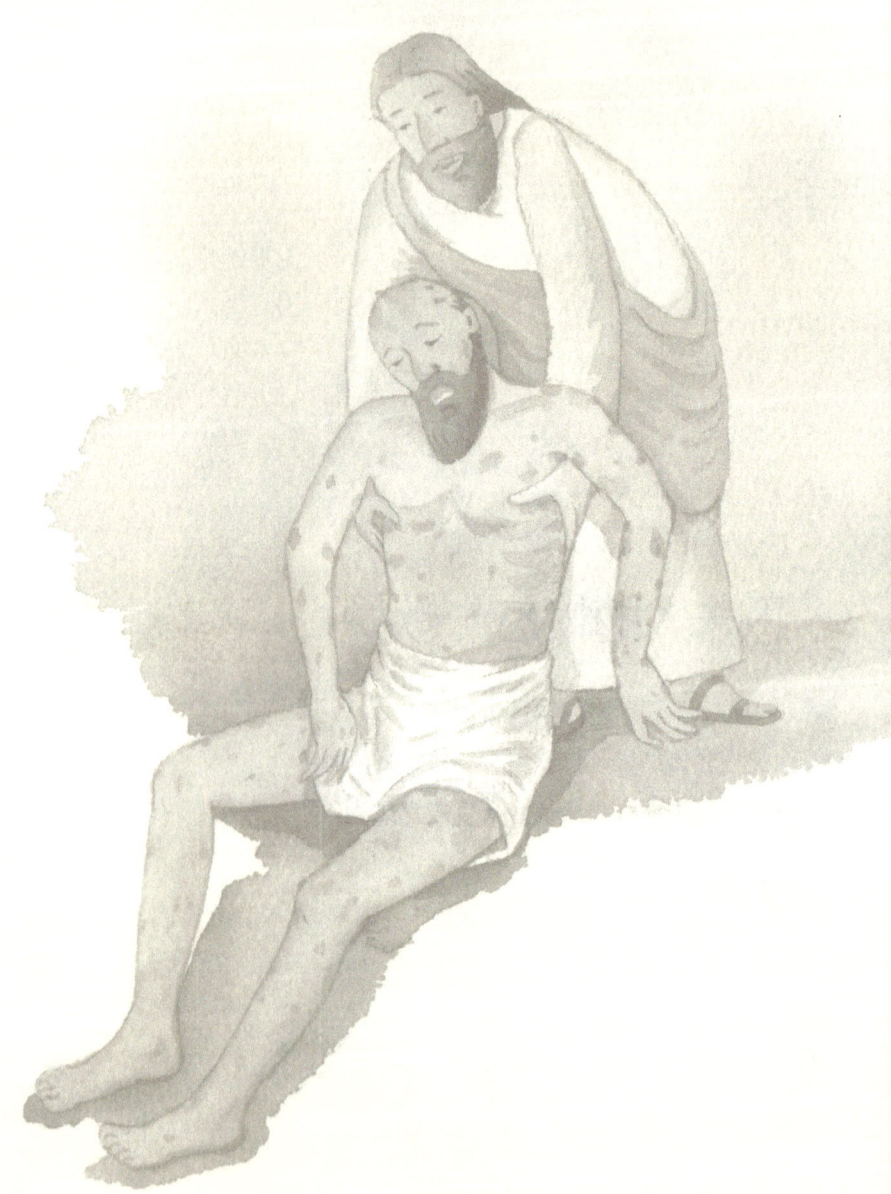

忿怒害死愚妄人，嫉妒杀死痴迷人。（5章2节）

1. 灵里骄傲的以利法曲解神的话误导人

"你且呼求,有谁答应你?诸圣者之中,你转向哪一位呢?忿怒害死愚妄人,嫉妒杀死痴迷人。"(5章1-2节)

第4章里,我们了解到以利法灵里的光景——以利法初次经历到属灵的事,但由于对真理懵懂无知,就动用人意曲解那异象,误以为听到了神的声音。以利法自认为体验了灵界的事,便自鸣得意,心高气傲。他由于灵里骄傲,把自己在异象中所听到的话当作神的话来使用。

以利法的意思是这样的:你呼求吧!看看有谁会答应你。神已经弃绝了你,你再呼求祷告,又能有何果效?你在诸圣者的会中,必定抱愧蒙羞,在他们面前站立不住。

以利法断定约伯再怎么呼求祷告,神也不会搭理他。以利法这是在因着骄傲否认神的话语。《圣经》诗篇50篇15节说:"并要在患难之日求告我,我必搭救你,你也要荣耀我。"在耶利米书33章3节也说:"你求告我,我就应允你,并将你所不知道、又大又难的事指示你。"

耶稣来本不是召义人,乃是召罪人。可是以利法却责备约伯是污秽的人。他像法利赛人那样否认神的话语。

以利法显然是对神持有错误的观点。因为他误解神的话，所以误导约伯，甚至责骂约伯。他没有认清自己里面的恶，反而去谴责一个义人。

但他在第2节所说的话是正确的，他说：忿怒或嫉妒的人是愚妄而痴迷的人（箴言14章30节；15章1节）。箴言12章16节说："愚妄人的恼怒立时显露，通达人能忍辱藏羞。"这个世界上，父母与子女之间，朋友之间，或夫妻之间因鸡毛蒜皮的小事动辄发怒，吵吵闹闹的事屡见不鲜。

甚至有的母亲对还不懂事的小孩子动怒，他们都属于愚昧人。忿怒、嫉妒、忌恨都是从撒但来的，引人走向灭亡之路，故我们务必要离弃这些恶。

2. 属肉的人生观与属灵的人生观之差别

"我曾见愚妄人扎下根，但我忽然咒诅他的住处。他的儿女远离稳妥的地步，在城门口被压，并无人搭救。他的庄稼有饥饿的人吃尽了，就是在荆棘里的也抢去了，他的财宝，有网罗张口吞灭了。"（5章3-5节）

以利法认为约伯是个愚昧人，因为他无法控制自己的情绪，竟敢向神宣泄不平不满。于是他咒诅约伯及其家庭。约伯还未败落的时候，他的子女们也很富足，如果父亲遭殃，子女自然就失去平安了。

"城门"素有防御的功用。第4节里"在城门口被压"意指被权力所压迫。以利法是说约伯和他的儿女们落到这种地步，都是因神用权柄惩治他们的缘故。他断定：由于这是神亲手做的，从而无人能够搭救约伯。

那么"他的庄稼有饥饿的人吃尽了，就是在荆棘里的也抢去了，他的财宝，有网罗张口吞灭了。"是什么意思呢？

这里"饥饿的人"是指侵略者。侵略者入侵，是为了补足自己的短缺，满足自己的私欲。"在荆棘里的也抢去了"，这里所谓"荆棘"可以比作如今富户人家围墙上设置的铁丝网，意即约伯即便严密防守，保护自己收割的庄稼，但仍要被侵略者洗劫一空。

以利法是在责骂约伯因所宣泄的恶言成了自己的网罗，被有权有势者所压迫，财产被掠夺净尽。

箴言18章21节说："生死在舌头的权下，喜爱它的，必吃它所结的果子。"正如这段经文所说，我们所说的闲言戏语，都要成为荆棘、网罗，招致撒但的控告，凡有悖于真理的话都要如此。然而，人们在生活中往往忽略这样的事实。

"祸患，原不是从土中出来；患难，也不是从地里发生。人

愚昧人的愤怒与嫉妒心

生在世必遇患难，如同火星飞腾。"（5章6-7节）

此话听似没错，实际上是出于以利法错误的观点。当然照他所说，祸患不是从土中出来；患难也不是从地里发生。不过，祸患、患难，或祝福都来自于土地，因为土地是人类赖以生存的物质基础。

以利法正在教导约伯。那么，人生在世，真的像以利法所说的那样必遇患难吗？

不信神的人常说："人的一生是凄凉悲苦的一生，人活着就是为了填饱肚子。"他们认为人死一了百了，便一生只求自己的益处，成为功名利禄的傀儡，从而悲伤、痛苦、叹息的日子，多过幸福的日子。他们带着这种属世的价值取向一天天走近坟墓。

因此，在持有属地之盼望的人眼里，人生就是一场苦难，人为苦难而生。故此，不信神的人，或口称信神却没有真信心、没有属天盼望的人，就会像以利法那样，带着属世的人生观，终日在痛苦和疲乏中度日。

不过拥有属灵人生观的神的儿女们，因有对永恒天国幸福生活的指望，便能度过"常常喜乐，不住地祷告，凡事谢恩"的生活。而且带着明确的目标，或吃或喝，无论作什么，都要为荣耀神而行，在世得享幸福欢乐的生活。

因此，具有属灵人生观的人，不会认为人生在世必遭患难，反会确信人生在世必有幸福、人活着是为了荣耀神的名。

3. 言行不一的以利法

"至于我，我必仰望神，把我的事情托付他。他行大事不可测度，行奇事不可胜数。降雨在地上，赐水于田里。将卑微的安置在高处，将哀痛的举到稳妥之地。"(5章8-11节)

从这段经文中，我们可以看出以利法说话不诚实，前言不搭后语。持有属世人生观的以利法，全然忘记自己曾经对约伯说过的话。他曾说约伯无论怎样呼求，神也不会应允他，但他现在反而又劝导约伯说：如果我是你，我必仰赖、祈求神，从而蒙得应允。你要把你的事向神交托和仰望。

以利法虽然用真理劝导约伯，但他却是跟法利赛人一样，是个言行不一、能说不能行的假冒伪善的人。

全知全能的神掌管天下万物，彰显奇妙的作为。祂将那些在真理里面降卑自己的人，安置在高处。

那么，"将哀痛的举到稳妥之地"是什么意思呢？

这里"哀痛"不是指属肉体的哀痛,而是指属灵的哀痛,即出于爱神之心的哀痛。

我们应该为神的国和神的义、为走向死亡的可怜的人们哀痛。若我们看到有人亵渎神,干犯神,我们会在真理里面发义怒,但出于肉体的愤怒却只会羞辱神。

> "破坏狡猾人的计谋,使他们所谋的不得成就。他叫有智
> 慧的中了自己的诡计,使狡诈人的计谋速速灭亡。他们白
> 昼遇见黑暗,午间摸索如在夜间。"(5章12-14节)

"狡猾"的词义为"诡诈不可信,狡诈刁钻。"然而,其灵意则是:用不正当手段获利;自欺欺人,损人利己。

出卖耶稣的加略人犹大、欺哄神的仆人彼得的亚拿尼亚和撒非喇等均属此类人。

"计谋"是指多人合谋的狡诈的计策。使用诡计的人起初看似亨通显达,但过些日子必然陷入试探和患难,以至败落沦丧。

睿智贤明的人,诚实为人,走义路正道。《圣经》说不行真理的人是愚昧人。人之所以中人的诡计,绊跌扑倒,是由于所思所想所谋的与真理不符。然而,行在真理中的人,必蒙神的保守。

《圣经》禁止人替别人作保。因此,人若作保,就是违背真理(箴言22章26节)。狡猾的人是愚昧的人,施行诡诈的人自取灭

亡。然而，对活在真理里面的人，神就会给他开一条出路，使万事都互相为他效力。

反之，爱神又蒙神爱的人若施计用谋，神绝不容忍。正如经上说："因为主所爱的，他必管教，又鞭打凡所收纳的儿子。"神必粉碎他们的诡计，使所谋的必以失败告终。

"狡诈"是指比狡猾程度更深的恶行。这样的人若面临试探患难，就会束手无策，在黑暗中摸索，却找不到出路。然而，活在真理里面的人，能够制伏仇敌魔鬼，从而不会落入窘境，哪怕真的落到窘境，神也会使万事都互相效力，使他得益处。

"神拯救穷乏人，脱离他们口中的刀和强暴人的手。这样，贫寒的人有指望，罪孽之辈必塞口无言。"（5章15-16节）

这里所谓"穷乏人"不单指肉体的穷乏，也是指灵里的穷乏，即指饥渴慕义、虚心的人。虚心的人因心存天国的盼望，所以恳切寻求神，便能拥有属灵的信心。

路加福音16章里，讨饭的拉撒路是个穷乏人，但他死后进入了亚伯拉罕的怀里，即得到救恩，进入了天国。然而，财主天天奢华宴乐，没有寻求神，以至死后落入下阴间，永世受苦，正如以利法所说："贫寒的人有指望，罪孽之辈必塞口无言。"

如此，我们若饥渴慕义，专心仰赖神，神必保守我们脱离口中的刀和强暴人的手。所以虚心的人因心存天国的盼望,自然远离不义,虔诚度日。

> "神所惩治的人是有福的,所以你不可轻看全能者的管教。因为他打破,又缠裹;他击伤,用手医治。你六次遭难,他必救你;就是七次,灾祸也无法害你。"(5章17-19节)

凡接待耶稣基督,承认自己罪的人,都能领受所赐的圣灵。人一旦领受圣灵,他的名就会记录在天国的生命册上,从此获得作神儿女的资格。

当神的儿女违背神的话语,偏离真理而行时,会受到神的惩治。如果一个人尽管不守主日,不按真理生活,但却不受管教,那么他就应该查验自己是不是被神离弃的私子(希伯来书12章5-8节)。

以利法正在劝导约伯说:你遭遇患难,无非是罪有应得,既然如此你何必叹息,何必抱怨?你当欢喜领受全能神的管教。

但以利法为何在18节说:"他击伤,用手医治。你六次遭难,他必救你"呢?

以利法从古人口中了解创世记,以及律法,并研究过神的道。然而,对这些知识,他未能悟出其灵意,而只停留在字义层面上的理解。以利法就是拿这些靠自己的悟性所研究出来的知识,去误导约伯（约伯记5章27节）。

以利法的这些话无法使约伯醒悟并回转。因为神的道是人被圣灵的感动所记录的，所以人必须领悟其属灵的含义，生命才能得以更新。故此，停留在字义层面上的教导，是不能给人带来真生命。

那么，这里"他击伤，用手医治"的属灵含义是什么呢？

当撒但控告约伯的时候，神不得不成全撒但，是因为约伯身上确实存在着可控告的把柄。不过对约伯的最终判定并非神独断的结果；约伯遭受灾病也不是神亲手所为，乃是撒但指控约伯，经神的允准，照约伯违背灵界法则的程度，把相应的灾难和疾病加在他身上。

因为神命令蛇要终身吃土，故此当神用尘土所造的人犯罪的时候，撒但就按其罪的轻重程度，带来相应的灾祸，对其进行苦害折磨。

那么，六次"遭难"和"七次"灾祸是什么意思呢？

"六次遭难"指的是亚当因着悖逆而受到咒诅，被逐出伊甸园以后，人在这个地球上生活的六千年光阴。但是以利法这样说并非因明白其灵意。

"你六次遭难，他必救你。"意指：神六天创造天地，第七天安息，同样，在撒但辖制下的六千年岁月中，凡敬畏神，并遵行真理的人，都能靠着耶稣基督的名得到救赎，进入安息。

又说"就是七次，灾祸也无法害你。"我们探讨此话的灵意：《圣经》中数字"七"代表完全。六千年的历史结束后，这地上将展现千年王国。千年王国结束，即整个人类历史七千年拉下帷幕之后，又经过白色大宝座审判，将展开永恒的天国和地狱的世界。

所以"就是七次，灾祸也无法害你。"是指神七千年的完全的计划和旨意。《圣经》向我们许诺：我们无论遇到任何试探和患难，只要专心依靠仰赖神，必蒙神的帮助，得胜有余。

> "在饥荒中，他必救你脱离死亡；在争战中，他必救你脱离刀剑的权力。你必被隐藏，不受口舌之害，灾殃临到，你也不惧怕；你遇见灾害饥馑，就必嬉笑，地上的野兽，你也不惧怕。"（5章20-22节）

饥荒是天灾，是人力不可抗拒的，然而这里说"他必救你脱离死亡"，那么，神是怎样救人脱离饥荒，免于死难呢？列王记上十七章记载以色列王亚哈在位的时候，有一场大饥荒，三年半滴雨不下，那是因为他们拜偶像甚重，惹了神的震怒。

但先知以利亚是神所爱的，神引导他到基立溪，叫乌鸦叼饼和肉养活他。等溪水干了，神又引导以利亚到撒勒法的寡妇那里，受她的供养。如此，神恩待那些信靠仰赖祂，脱去罪恶，自洁成圣的人，常蒙祂的保守同在。

接着又说："在争战中，他必救你脱离刀剑的权力。"神也是这样保守祂的众先知。神时常看顾和保守耶利米，使他免遭被掳的命运；以利亚也蒙神保守，脱离了王后耶洗别的追杀。就这样专心信靠神的人，必蒙神的厚爱和称许，便能脱离刀剑的伤害。

这里也说"你必被隐藏，不受口舌之害。"那么，"口舌之害"是指什么呢？

就是人口中的话会在行动中显现出来。比如说一个人开口说"我要杀你！"过后他真的把人杀了，那就是口舌之害了。

在但以理书第6章，大流士王颁布了一条禁令：三十日内不拘何人，若在王以外或向神、或向人求什么，必被扔在狮子坑中。但以理虽明知此事，但他回到住处，还是照样一天三次面向耶路撒冷祈祷，以至经奸臣举报，他被扔到狮子坑，但他却是毫发无伤，因为神的使者封住狮子的口。

接着"灾殃临到"是指战争和疾病在家庭或在事业上引起的破坏。即使是试探和患难临到家庭或是事业，甚至疾病缠身，濒临死亡，只要悔改归正，就必经历神施恩的双手、医治的大能。

而且"你遇见灾害饥馑，就必嬉笑。"是表示若约伯信靠神，把所有的事交托在神的手中，便不会像现在这样悲叹自己的处境、宣泄诅咒之言，反而遇见灾难和饥荒，能够嬉笑以对。"嬉笑"，唯独满有自信，坦然无惧之人所能为之。

又说到"地上的野兽，你也不惧怕。"神创造了亚当，赐他权柄去管理所有的走兽、飞鸟、鱼类。然而，自从亚当犯罪，受到诅咒后，野兽怕人，人也怕野兽，因为有时野兽会袭击人类，置人于死地。

> "因为你必与田间的石头立约，田里的野兽也必与你和好。"（5章23节）

> "约伯，如果你真的信靠神，你便不会口吐愚妄之言，咒诅自己，咒诅父母，甚至咒诅神。即使你遭遇灾害饥馑，也会坦然无惧，地上的野兽，你也不惧怕，你必与田间的石头立约；田里的野兽，也必与你和好。"

那么"田间"和"石头"的灵意是什么呢？田间是指人的心田，石头是指磐石耶稣基督。当我们打开心门接受耶稣基督，圣灵就会临到我们的心里。我们听到真理，神的话就进入我们的心，我们便照着所赐的悟性，领会神道的灵意，开始改造自己的心田。这真理就是神的言语，就是磐石耶稣基督。所以，我们的心田越变成好土，我们的灵魂越兴盛，随之而来的是凡事兴盛，身体健壮的祝福。

"亲爱的弟兄啊，我们的心若不责备我们，就可以向神坦然无惧了。并且我们一切所求的，就从他得着，因为我们遵守他的命令，行他所喜悦的事。"（约翰一书3章21-22节）

神在《圣经》多处应许：祂要赐福那些因遵行祂的道而灵魂兴盛的人。如此，耶稣基督的真理更新我们成为属灵的人、属神的人，神又用圣灵的火垣和荣耀之光围绕我们，以致仇敌魔鬼撒但无法作祟在我们身上。

所以，当我们信心成长，灵魂得以兴盛，就不会遭遇患难，或饥荒，也不受野兽，即邪恶魔鬼之害，甚至能够与仇敌和好。

"你必知道你帐棚平安，要查看你的羊圈，一无所失。也必知道你的后裔将来发达，你的子孙像地上的青草。你必寿高年迈才归坟墓，好象禾捆到时收藏。这理我们已经考察，本是如此。你须要听，要知道是与自己有益。"（5章24-27节）

以利法正在教训约伯说：你若专心祈求并依靠神，人生一切的祝福必要临到你，你的家庭必然和睦，财富、健康、子女、长寿等祝福也都要临到你。如前所提，以利法所讲述的道理，既不是他所经历过的，也不是他所相信的，而是他靠自己的悟性所研究出来的。

愚昧人的愤怒与嫉妒心

在此我们应当切记：人凭着自己的知识或学问研究神的道并教训人，是无法给人栽植信心的。人若听道而不行道，会导致知识增多，生命不长进，反而徒增骄傲的结果。他们因没有可从心里信的属灵信心，便难以经历到神的大能。

耶稣说"从灵生的就是灵。"（约翰福音3章6节），故此，我们需要传讲属灵的信息，好叫圣灵与我们同工，使人心门打开，领悟真理，得到信心。

尽管以利法煞费苦心用他研究所得到的道理教训约伯，不但没能使约伯悔改，反而使他越发反感。

第六章

约伯的辩论

1. 约伯情绪扭曲进行讽刺

2. 约伯误认为神是可怕的神

3. 约伯因言语上的过失令神伤心

4. 约伯变得软弱

5. 属肉的爱总要改变

6. 不要辩论

7. 约伯隐藏在内心深处的恶开始显露

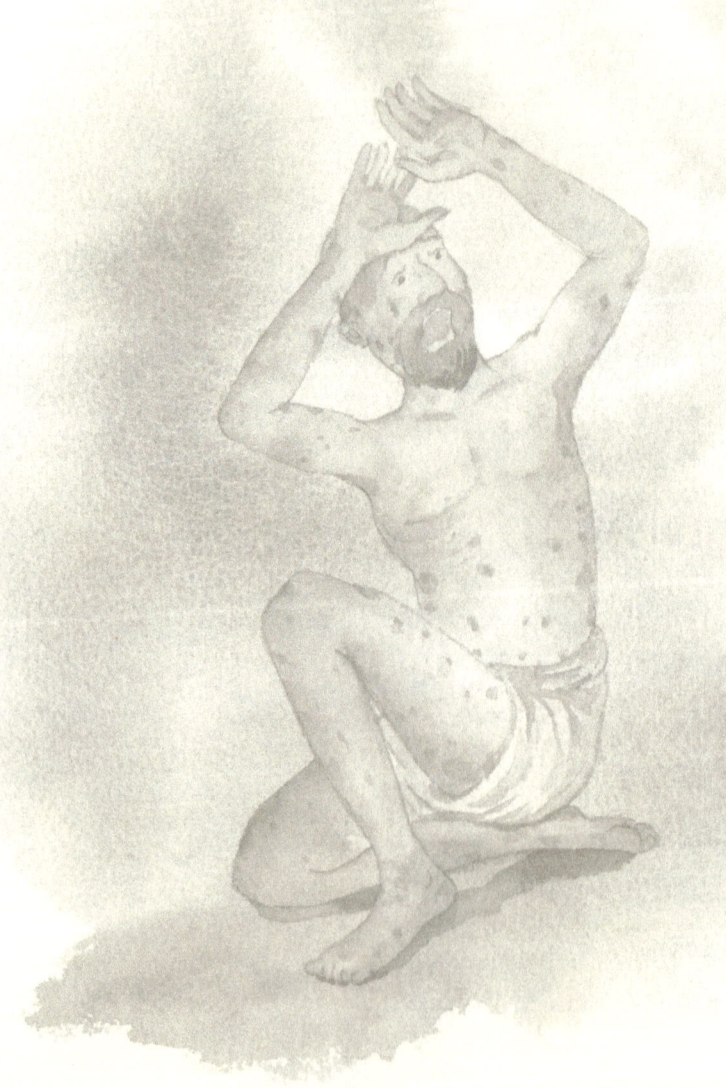

惟愿我的烦恼称一称，我一切的灾害放在天平里，现今都比海沙更重，所以我的言语急躁。

（6章2-3节）

1. 约伯情绪扭曲进行讽刺

约伯回答说："惟愿我的烦恼称一称，我一切的灾害放在天平里，现今都比海沙更重，所以我的言语急躁。"（6章1-3节）

约伯既委屈又恼火，便以"比海沙更重"来形容自己的心境。约伯如此愤恨到极处，是有原因的。

首先是因为他认为全能者——神收走了他全部财产和所有的儿女。因为约伯是个完全人，所以起初没有埋怨神，然而等到毒疮的痛苦加剧，忍耐到了极限，便开始唉声叹气，埋怨父母，甚至埋怨神。

再加上朋友来了，不但不安慰他，反而不停地藉着神言对他进行批评指责，于是忍无可忍，愤恨到了极处。神教导我们说："不可含怒到日落"、"要爱你们的仇敌"、"要常常喜乐"、"凡事谢恩"。但是约伯竟然带着怒火与人争辩，殊不知这在神面前极不相宜，仍然自以为义，一味地主张自己是在无辜受苦。

这里约伯所谓"我的言语急躁"并非出于知错悔改，而是包含着一丝讽刺的意味。意思是：我说的话，你们不但不领受，反而回过头来践踏、撕咬，我就后悔自己枉费口舌。

从朋友们的论点来看，他们自己是对的，所以就反驳约伯的话。同时约伯也认为自己说的话是真理，便说朋友们是坏人。双方都认为自己是照着真理的观点进行辩论，但用神的道去分辨就可得知，其实双方都对真理认识肤浅，便导致这种局面。

我们若有信心，即使身处约伯的处境，也会向神呼求祷告；朋友前来用真理指责，我们也会以感恩的心去领受。

2. 约伯误认为神是可怕的神

"因全能者的箭射入我身，其毒，我的灵喝尽了；神的惊吓摆阵攻击我。"（6章4节）

约伯误解神是预定的神，认为神早已预定要惩治他。约伯说神的箭射入己身，自己的灵，即自己的心喝尽了其毒。借以表示他对神咒诅并击打他的"事实"深信不疑。他心里已断定是神的力量击垮了他。

约伯素来惧怕神（约伯记3章25节）。他通过学习聆听律法所认识的神，在他的印象中是个可怕的神——祂是分开红海、降下十灾的严厉可畏的审判主。尽管如此，他因渴望得到救恩，便存着惧怕的心向神献上燔祭，并侍奉神。神既是公义的审判官，也是满有慈爱的神。但约伯对这点并不了解。

这样，约伯所献的燔祭怎能蒙神悦纳？神怎能对完全正直的约伯莫不关心呢？

神为了破碎约伯，使他深明神的慈爱与公义，便允准他受熬炼。使他从而能够完全与神和好，从心底里爱神，并且蒙神所爱。

通过这样的过程，约伯心中的非真理逐一脱落、粉碎，逐渐达到成圣的地步。同样，我们也应当时常省察自己，逐一脱去违背真理的部分，这是至关重要的。

"野驴有草岂能叫唤？牛有料岂能吼叫？物淡而无盐岂可吃吗？蛋青有什么滋味呢？看为可厌的食物，我心不肯挨近。"（6章5-7节）

约伯的意思是：野驴或牛吼叫，无非是因为饥饿，有了食物岂能叫唤。同样，我约伯也是因为遭受难以忍受的痛苦而哭号哀鸣。约伯又讽刺朋友的话就像淡而无盐的食物、乏味的蛋清，难以下咽。

约伯说"看为可厌的食物，我心不肯挨近"，这是约伯骄傲心态之表露。约伯因朋友们的话对他毫无用处而感到厌烦，便看作可厌的食物。

朋友们自以为他们是在用真理点醒约伯，但其实是在带着反感责骂约伯。但约伯也不甘示弱，针锋相对地对他们进行反驳。"难道你是神吗？我比你们睿智博学，如果你们懂，能懂多少呢？"约伯在这种骄傲之心的驱使下紧闭心门，故此再好的真理之言他也听不进去，自然对朋友们的劝言不屑一顾，无法醒悟自己的缺欠。

神吩咐我们不要把珍珠丢给狗和猪。再美妙的神言，如果对方拒绝领受，我们就不要给他讲。但以利法因不知约伯心门紧闭的事实，却为了说服约伯而继续与他辩论。

约伯不但不领受劝言，反而被以利法的话惹恼，便讥讽他的话简直像可厌的食物，即毫无价值的虚浮空言。

3. 约伯因言语上的过失令神伤心

> "惟愿我得着所求的，愿神赐我所切望的；就是愿神把我压碎，伸手将我剪除。我因没有违弃那圣者的言语，就仍以此为安慰，在不止息的痛苦中还可踊跃。"（6章8-10节）

约伯恳求神说："神啊！求你挪去我的性命吧！"我们可以理解约伯此时的痛苦，可是如果他真正有信心就不会说出如此让神伤心的话，甚至连这样的心思和意念都不会存在。

人的生命是神赐予的，所以人不能随意处置自己的生命。一个信神的人岂能求神把自己的生命取走！这是没有信心的表现，也是令神伤心的事。但约伯却仍执迷不悟。

但以理先知明知自己向神祷告，必会被嫉妒他的众奸臣所谋害，被扔进狮子坑中。但他没有妥协，照常朝着耶路撒冷方向屈膝向神祷告谢恩（但以理书6章10节）。

他虽被扔进了狮子坑中，也依然向神感恩，于是神与他同在，通过天使来保守他，使他毫发无损。但以理通过这一事件使国君和他的百姓都认识了这位永活的真神，大大荣耀了神的名。

我们纵然遭遇苦境，也要带着感恩的心，盼望神使万事都互相效力，使我们获益，这样，神必照着我们的信心成全我们。

约伯因未能正确领会真理而丧失对来世的盼望，所以他会埋怨神，令神忧伤。约伯行事为人并没有遵照真理，却在神面前自称扪心无愧。

约伯认为神对他没有怜悯，只是毫不留情地把痛苦加在他的身上。他认为自己从未违弃圣言，然而全能者残酷无情地责打他。约伯由于还没有正确认识神，从而不停地说违背真理的话。但他坚持咬定自己是照真理而活，所以即使神取走他的性命，也毫无余憾。

4. 约伯变得软弱

"我有什么气力使我等候? 我有什么结局使我忍耐? 我的气
力岂是石头的气力? 我的肉身岂是铜的呢? "(6章11-12节)

约伯认为自己复苏的希望渺茫, 剩下的只有入土为安了。他之
所以这么想, 是因为他没有信心。他说自己气力已衰竭, 厌倦仰望
全能者的医治。既然结局是明摆着的, 我还有什么可忍耐的呢?

约伯从头顶到脚掌长满毒疮, 体无完肤, 就心灰意冷。他觉得
自己东山再起已是毫无指望, 只希望神早点把他的生命取走。

"在我岂不是毫无帮助吗? 智慧岂不是从我心中赶出净尽
吗? 那将要灰心、离弃全能者、不敬畏神的人, 他的朋友当
以慈爱待他。我的弟兄诡诈, 好像溪水, 又像溪水流干的
河道。"(6章13-15节)

"从前我资材丰富, 能帮助很多人, 如今却变得一无所有, 无
能为力。我曾经以广闻博学、智慧超群而闻名, 但如今这些都已是
过往云烟。"

神是全能者, 祂能使死了四天的拉撒路复活。但是约伯没有属
灵的信心, 无法信靠从无造有的全能神, 从而越发软弱, 以至灰心
绝望, 颓唐丧志。由此看来, 人不依靠神, 就没有智慧, 只能是一

个愚拙的人。我们可以看出约伯远离真理，恶就显露出来了。

"你们这些朋友，都是铁石心肠的人。我以前富有、健康、家道兴旺的时候，你们爱我，也敬重我，但我一无所有的时候，你们的爱心在哪里呢？不降雨露，溪水必然干涸，你们现在的光景就是如此！"

约伯希望从朋友们得到温暖和安慰，但他所得到的是他们尖酸刻薄的训斥和责骂，于是约伯对他们产生厌烦心理。当我们遭遇试探患难时，希望得到别人的安慰，但这只能使我们更加软弱，对我们没有任何帮助。

彼得从海面上行走时，看到海上的风浪，就动了人意，信心摇动，就沉到海里。此时耶稣并没有安慰彼得说："彼得，你差一点就出大事了，还好你没事，太危险了！"而是责备彼得是个小信的人。

针对那些遭遇患难的人，我们首先应当用神的话语给他栽植信心，引导他们得着祷告的能力，使他们醒悟自己的罪，并悔改归正。我们真正的爱体现在帮助别人得着抵挡魔鬼撒但的力量。唯独爱心的劝勉或责备，才能使对方回心转意，得到力量，在神面前站得稳。故我们不能像约伯的朋友那样带着负面情绪劝勉人。

如果你对一个失败的人或愁苦绝望的人，照人的想法安慰他说："对于你的处境我深表同情！"或许他会因久违的安慰之言而对你感激不尽，但你无法给他带来属天的力量。这种属肉体的安慰，反而会使他更加软弱，口出没有信心的话、使魔鬼高兴的话，令神担忧。

5. 属肉的爱总要改变

"这河，因解冰发黑，有雪藏在其中；天气渐暖，就随时消化；日头炎热，便从原处干涸。"(6章16-17节)

冰块看似清澈，一融化就成了污水，便是原形毕露。进而日头炎热，水分蒸发，以至干涸。约伯借以表示朋友们的心就是如此。

那么，神为什么通过约伯记录这样的话呢？因为人的内心便是如此的诡诈。

约伯的朋友们借用神的话语劝责约伯，是为约伯着想，但因带着负面情绪说话，便无法感动约伯，也无法使约伯醒悟，反而导致一场争辩。

俗话说：得道多助，失道寡助。人富有的时候会有许多人相随并爱他，但哪一天他破产了，就很难看到爱他爱到底的人，这就是世人的心态。

由此看来，属肉的爱乃是求己益处的爱。然而，属灵的爱则是永不改变，是求别人的益处并舍己的爱。朋友们对约伯的爱就是属肉的爱，约伯说这些话其实是指着朋友们善变的心而言的。

> "结伴的客旅离弃大道，顺河偏行，到荒野之地死亡。提玛结伴的客旅瞻望，示巴同伙的人等候。他们因失了盼望就抱愧，来到那里便蒙羞。"（6章18-20节）

在沙漠地带，旅客们结伴寻找溪水以求解渴，但因离弃大道顺河偏行，找不到水就只好重返旷野，以至遭遇死难。"提玛结伴的客旅瞻望，示巴同伙的人等候。他们因失了盼望就抱愧，来到那里便蒙羞。"借以表示人的心都是如此。从前彼此友爱和睦，但如今到约伯那里得不到自己想要的，便露出了自己的本质，以致抱愧蒙羞。

6. 不要辩论

> "现在你们正是这样，看见惊吓的事便惧怕。我岂说，请你们供给我，从你们的财物中送礼物给我？岂说，拯救我脱离敌人的手吗？救赎我脱离强暴人的手吗？"（6章21-23节）

随着辩论持续，约伯负面情绪越发膨胀。约伯想：这些朋友本应该对我同情、怜悯与安慰，可他们却反过来对我无故刁难和责备，无非是在误解我，以为我约伯想要投靠他们。

约伯的意思是：我从来没有求你们资助我，也从没有求你们拯救我脱离敌人之手，你们何必如此惶惑不安、大惊小怪，以这种方式待我。放心吧！我不会拖累你们的。"

在这种情况下，约伯的朋友们该是多么焦急，他们用自己考查出来的神言，认真责备并教导约伯，可是约伯却紧闭心门不肯领受，反而大闹情绪，大发脾气，激烈争辩。大多数人在辩论时都会有这种表现。

所以神教导我们不要辩论。哥林多前书上说：宁可受欺、吃亏，弟兄之间不要彼此告状（哥林多前书 6章7节）。

哪里有辩论，哪里就有仇敌魔鬼撒但的工作。撒但会不停地激发人心里的负面情绪，使人彼此相恨，结下怨仇。所以我们应当把这种负面情绪除去净尽。带有情绪的劝言，无论它多么合理精妙，也是徒劳无功的。

"请你们教导我，我便不作声，使我明白在何事上有错。正直的言语力量何其大！但你们责备，是责备什么呢？"

（6章24-25节）

约伯的朋友们虽一直认真指出约伯的错，约伯却丝毫没有自醒的迹象，反而声称如果你们指责我，使我明白在何事上有错，我就不作声。

7. 约伯隐藏在内心深处的恶开始显露

"绝望人的讲论既然如风，你们还想要驳正言语吗？你们想为孤儿拈阄，以朋友当货物。现在请你们看看我，我决不当面说谎。请你们转意，不要不公；请再转意，我的事有理。"(6章26-29节)

约伯说："我是一个绝望的人，言语如风，你们还想要驳正我的言语吗？""言语如风"意指言不诚实、分文不值。"难道你们要挑剔我这无能为力且没有指望之人的言语吗？这岂是合宜的事呢？"约伯在继续责备朋友们。

27节里，约伯说朋友们"为孤儿拈阄，以朋友当货物。"这乃是丧尽天良之事。但在约伯的眼里他的朋友们就是如此秉性恶毒的人。约伯的意思是：现在请你们查验自己，若觉得问心无愧，就看看我。我的话是诚实的，全都是事实。你们要反省自己并要悔改归正。我没有一点错。"

约伯的内心既不虚谎，也不邪恶。他不能认清自己的过错，乃是因未能正确认识真理。约伯的朋友们劝导约伯，是出于为约伯着想，但这反而使约伯产生反感，成为他的绊脚石。

因此，我们当以温柔的心和仁德之言去劝勉别人。我们的观点再正确合理，若带着负面情绪进行劝勉，只能适得其反。唯独德爱兼备的劝勉，才能造就对方。

约伯受熬炼的原因在这段经文中尽显无遗。约伯因不明白真理，总是认为唯我独清，唯我独对，而朋友们都是错的，这是一种骄傲的表现。骄傲就是彰显自我。

约伯认为自己在凡事上完全无可挑剔，"乃是神无故将我击垮，把我推进痛苦的深渊。"正因为如此，约伯无从发现自己的缺欠，对朋友的劝言不屑一顾，反过来责备朋友们。

综上所考，我们可以发现约伯在言语上有很多过失。他一直不停地说那些成为自己网罗的话，以致给撒但留地步，使其控告得逞。

神在哥林多前书10章12节说："所以，自己以为站得稳的，须要谨慎，免得跌倒。"我们若对自己的信仰程度感到自满，这就是我们将要跌倒的危险信号。我们当效法使徒保罗，凭着真理攻克己身，靠着圣灵治死老我，更新自己的心意，一天新似一天。约伯因自以为站得稳，所以绊跌仆倒，以致落到苦难的境地。

另一个使约伯不能认识自己，没有自知之明的原因就是：约伯坚信自己一生尽了人当尽的本分，行事为人良善、公义，在自己毫无不义，扪心无愧。

"我的舌上，岂有不义吗？我的口里岂不辨奸恶吗？"（6章30节）

约伯受熬炼的原因在此赤裸裸地显明。至此，约伯所说的话，很多都是明显违背真理的不义之言。然而，约伯却仍断定自己的话都是合理公义的，朋友们所说的都是谬言妄语，恶毒之词。可见约伯的话非常离谱，着实令人发笑。

第七章

丢掉心里的虫子

像奴仆切慕黑影，像雇工人盼望工价；（7章2节）

1. 约伯的每一天都是痛苦的煎熬

"人在世上岂无争战吗？他的日子不像雇工人的日子吗？像奴仆切慕黑影，像雇工人盼望工价；我也照样经过困苦的日月，夜间的疲乏为我而定。我躺卧的时候便说，我何时起来，黑夜就过去呢？我尽是反来复去，直到天亮。"（7章1-4节）

约伯遭受巨大的试炼，失去了一切，到了只求一死的地步，觉得自己的人生悲惨至极。但他想死不能，想活不成，况且从朋友们那里得不到安慰不说，反而遭到朋友们的蔑视和凌辱，便甚是绝望。

靠着劳力糊口的雇工人，他们终日汗流满面辛苦劳碌，不过是要得微薄的工价。日出，他们就到田间耕耘，日落，他们就归家睡觉。奴仆没有自由，他们对主人必须惟命是从，故而他们切慕太阳落山，以便歇息安睡。

约伯的意思是：经历数个月的痛苦煎熬，自己就像个雇工、像个奴仆，没有梦想，没有指望，唯独切盼日落，一天天过着毫无意义的生活。肉体的痛苦使他辗转不眠，直到天亮。失去梦想和盼望的约伯，在绝望中发出哀叹悲鸣。

然而，即使是靠着零工生活的工人，也不应该像约伯那样消沉。认识神并认识天国的人，生命在他里面。他们应当怎样行事为人呢？应当或吃或喝，无论做什么，都要为荣耀神而行。

路加福音16章里出现有关财主和讨饭的拉撒路的比喻。讲的是没有信神的财主虽然在这地上享受丰衣足食的生活，但最终还是落入地狱的阴间。然而，常以财主桌子上掉下来的零碎充饥的拉撒路，则因敬畏神的缘故进入了亚伯拉罕的怀里。

我们必须要有梦想。要有进入新耶路撒冷的梦想，以及荣获金冠冕、公义的冠冕的梦想。为此要在这地上忠心侍奉神，弃罪成圣。积攒财宝在地上，会有贼来偷走，并且终必消为无有，但是积攒财宝在天上，就没有后顾之忧。神必照我们所栽种的赐下三十倍、六十倍、一百倍的祝福。

敬畏神的人，因有梦想与盼望，就算他是雇工或奴仆，也能度过幸福快乐的人生，一点都不比他的主人逊色。没有必要像约伯那样在哀叹、埋怨、辩论、争竞中度日。

2. 像蛆虫一样污秽的心

"我的肉体以虫子和尘土为衣，我的皮肤才收了口又重新破裂。"(7章5节)

约伯曾经是个富足的人，过着锦衣玉食，高雅清净的生活。可是如今他的肉体却遍满蛆虫和污垢，如同衣服缠裹其身。一个人认识神却没有经历过神，就无法从心里信神，故而遇到类似的试探，只能抱怨哀叹，"生不如死"的话便随口而出。

那么，这段经文所包含的灵意是什么呢？一经查考，我们就可以得知约伯曾说过的话都不是善言、真道。这意味着此刻约伯的心就是像蛆虫一样污秽，因为人口中的言语都是由心发出的。

在神看来约伯是个完全正直的人，他具有"好土"般的心田。然而，土地再肥沃，如果10年放弃耕种，任由杂草丛生，终必变成瘠薄的土地。

但这种荒芜的土地，通过翻耕，除草，松土，就可以重新变成好土。当然，并非所有的田地经过开垦就都能变成好土，关键在于土壤本质特性，有的土壤本来是贫瘠的。

神之所以称约伯为完全正直的人，是因为神知道约伯的心田只要经过除草翻耕就能变成好土（约伯记1章1节）。可是约伯因没有经历过神，并且不懂真理，所以不停口吐像蛆虫一样污秽的言语。

仇敌魔鬼撒但也知道这个事，自然在神面前控告约伯。当神允准撒但的控告，灾殃临到约伯时，约伯就开始抱怨、不平、哀叹，继续宣泄如蛆虫一般污秽的话。

丢掉心里的虫子

约伯又说："我的皮肤才收了口又重新破裂"，"收了口"是指从疮口或伤口愈合，长出新肉的状态。约伯遍体溃烂，流出脓水，经久自然愈合，又重新破裂，反反复复。那么，这句话的属灵含义是什么呢？

当圣灵充满的时候，人们往往觉得自己信心很大，并且充满自信，觉得没有胜不过的试探患难。此时人的心就像疮处收了口一样。

不过，他们一旦遇见试探，就胜不过去，绊跌扑倒，抱怨、哀叹、难过，便是收口的心又重新破裂了。处在这种境地的人，该是多么痛苦难过呢？

约伯的心情就是如此，犹如收了口的疮处重新破裂。所以我们一定要把我们信心的根基立在磐石上。对于用真理装备自己的人，撒但无法从他身上找到控告的把柄，因为他已经从心里除净了违背真理的情绪。

因此，我们应当赶快治死我们心里的蛆虫，洗净我们心中的污秽。神参透人的内心，故此我们不仅要洁净我们的外表，也要洁净我们的内心。

如果在衣物或皮肤上沾了污渍，我们一定会迫不及待地将其洗净。更何况我们心里有蛆虫，我们岂能不难过、憎恶呢？在神的眼里，人心里潜在的罪性——肉体的事；罪性的表现——情欲的事，包括各种负面情绪、嫉妒、奸淫、仇恨等污秽的恶，这些都是像蛆虫一样肮脏的东西。

人厌恶蛆虫，何况圣洁无瑕的神呢？约伯因蛆虫遍身而受苦，其原因就在这里。

3. 约伯灰心丧志

"我的日子比梭更快，都消耗在无指望之中。"（7章6节）

约伯因着痛苦翻来覆去难以入眠，直到黎明。于是他盼着天亮，也盼着一天赶快逝去。约伯度日如年，觉得日子漫长而难熬。

那么，"我的日子比梭更快"是时间过得很快之意吗？从前家家户户都有织布机，用来编织麻布，制作面料，亲手制衣穿上。这种织布机中间有一个光溜溜的梭，在织布的时候"嗖嗖"地快速来回穿梭。

然而，约伯此话并非表示自己的时间如梭飞逝，而是在表示时间的宝贵，悲叹时间在无聊中流逝。意思是：我从前做了不少有意义的事情，但是如今却成为废人，时间都消耗在无指望之中。

"求你想念，我的生命不过是一口气，我的眼睛必不再见福乐。观看我的人，他的眼必不再见我；你的眼目要看我，我却不在了。"（7章7-8节）

人呼吸一次，不过是几秒钟，最长也就一两分钟。约伯说："生命不过是一口气"是在表示生命之宝贵。约伯命悬一线，危在旦夕，前途一片茫然。

遇见试探之前，约伯是个贵人，应有尽有，深孚众望，福禄满堂。可是因没有信心的缘故，约伯说自己的眼睛必不再见福乐，反映出他灰心绝望的心境。

无论身处任何境地，我们都不能这样灰心丧志。死了四天，葬在坟墓里，早已腐朽发臭的拉撒路，不也是复活得生吗？

约伯断定别人再也见不到他了，然而他最终以荣耀的结局呈现于众人。原因何在？是因为约伯遇见神以后，向神痛悔认罪，即除净了心里的蛆虫。因此，当我们遭到撒但的指控和亵渎时，只要排除撒但控告的原因，就能摆脱困境。

就算遭遇约伯那样的处境，甚至遭遇比那更悲惨的处境，只要我们在神面前悔改归正，必能轻松地战胜。只要神向我们伸出施恩的手，无论任何问题都能化解。

4. 关于《圣经》上记载的阴间

"云彩消散而过；照样，人下阴间也不再上来。他不再回自己的家，故土也不再认识他。我不禁止我口；我灵愁苦，要发出言语；我心苦恼，要吐露哀情。"（7章9-11节）

天空的云彩飘忽不定。流逝的云彩永远不再重返。

约伯没有对天国的盼望，以为人死后灵魂会降到阴间，如同浮云一去不复返，归为空无。在这种观念的驱使下，约伯口无遮拦地抱怨和哀叹。

约伯说"我灵愁苦"，表示家破人亡的悲哀与伤痛。但他那时还没有埋怨神，等到毒疮之灾临身，疮口合而又裂，裂而又合，越发溃烂的时候，他的忍耐就到了极限，便口吐怨言、哀叹和咒诅。

这是因为约伯不认识天国的缘故。若是认识了，就绝不会这样做。与其心里痛苦忧伤，不如随心所欲度过余生，我说善言良语对我有何益处？这就是约伯的心态。

盼望天国的人会顺从神的话语，心里有伤痛也会努力去忍耐、宽恕和理解。绝不会因为心痛就口无遮拦地宣泄恶言。

"阴间"这个词在新旧约《圣经》上均有记录，但是"天国"或"乐园"一词只出现在新约《圣经》中。

创世记37章35节记载："他的儿女都起来安慰他，他却不肯受安慰，说：'我必悲哀着下阴间到我儿子那里。'约瑟的父亲就为他哀哭。"

雅各接到约瑟被恶兽咬死的假信，就悲痛欲绝，说自己必将悲哀着下阴间到约瑟那里。他认为约瑟死后降到了阴间。这表明旧约时代的人死后都去了阴间。

还有撒母耳记上2章6节也记载："耶和华使人死，也使人活；

使人下阴间，也使人往上升。"但是约伯却不知人死后下到阴间还能上升的事实。

阴间的结构

箴言9章18节说："人却不知有阴魂在她那里，她的客在阴间的深处。"这里提到"阴间的深处"。

还有以赛亚书14章9节记载："你下到阴间，阴间就因你震动，来迎接你。又因你惊动在世曾为首领的阴魂，并使那曾为列国君王的，都离位站起。"

以赛亚书14章14-15节记载："'我要升到高云之上，我要与至上者同等。'然而你必坠落阴间，到坑中极深之处。"就是说背叛神的路西弗将会掉进阴间的最底层。

路加福音16章19-26节中讲述着讨饭的拉撒路和财主的故事。讲的是敬畏神的拉撒路去了上阴间，进入亚伯拉罕的怀里，财主则被打入下阴间，在火焰中承受着无法忍受的痛苦。当财主请求亚伯拉罕打发拉撒路用指头尖蘸点水凉凉自己舌头时，亚伯拉罕却告诉他两地之间有深渊限定不能往来的事实。这表明阴间有上阴间和下阴间之分。

即阴间可分为属地狱的下阴间和属天国的上阴间，上阴间的功用在新旧约时代各不相同。在旧约时代，上阴间是那些注定得救的众多灵魂等待的场所。但是主复活升天以后，注定得救的灵魂不再进入亚伯拉罕的怀里，而都要进入乐园，投进主的怀里。

所以，当与耶稣同钉十字架的两个强盗中的一个认罪悔改并接待耶稣为救主的时候，耶稣对他说："今日你要同我在乐园里了。"（路加福音 23章43节）

然而，《圣经》表明耶稣并没有在十字架上受难之后立刻去了乐园，而是降在"地里头"，即上阴间，正如祂在马太福音12章40节所说："约拿三日三夜在大鱼肚腹中，人子也要这样三日三夜在地里头。"

5. 什么是良心审判？

那么，主降在阴间都做了些什么呢？耶稣的灵降在阴间，将福音传给那些监狱里的灵，正如彼得前书3章19-20节所记载："他藉这灵曾去传道给那些在监狱里的灵听，就是那从前在挪亚预备方舟、神容忍等待的时候，不信从的人。当时进入方舟，藉着水得救的不多，只有八个人。"

这里"监狱"指的是阴间。耶稣就是到上阴间，传福音给那些预备承受救恩的众灵魂听。挪亚时代洪水灭世的时候，唯独挪亚一家八口人获救，留存于世。

那么，难道除了挪亚八口以外，其余的万族都要受审判至于灭亡吗？那个时代的人应该比现今时代的人善良得多。其中肯定也有一些寻求神，善度人生的人。于是神预备上阴间，作为具备得救条件的灵魂安息之所。

韩国也是具有几千年历史的国家，然而基督教传入韩国只有一百二十年。那么，福音传入之前的人们会怎样？难道他们都被打入地狱吗？断乎不是！如果是这样，神就不配作公义的审判官。

即使是未曾认识耶稣基督的人，只要他承认有神，并顺着本性，善度人生，都会被安置在上阴间。等到耶稣在十字架上受难，降在上阴间传福音三日，他们都靠着耶稣基督的名得到救恩。耶稣复活以后，就由先知们去上阴间传福音。

那么，他们是不是现在还逗留在上阴间呢？不是。他们早已接待耶稣基督，得到救恩，去了乐园。信耶稣基督的人死了，就先到上阴间接受三天的适应训练，然后被领到乐园去。在旧约《圣经》找不到"乐园"或"天国"一词，其原因也在这里。

罗马书2章12-15节说："凡没有律法犯了罪的，也必不按律法灭亡；凡在律法以下犯了罪的，也必按律法受审判。（原来在神面前，不是听律法的为义，乃是行律法的称义。没有律法的外邦人若顺着本性行律法上的事，他们虽然没有律法，自己就是自己的律法。这是显出律法的功用刻在他们心里，他们是非之心同作见证，并且他们的思念互相较量，或以为是，或以为非。）"

意思是：没有律法的外邦人若顺着本性，即顺着良心行律法上的事，他们是非之心会同作见证。当一个人想偷别人东西时，他的良心（是非之心）就会判定这是罪。但良心比较迟钝的人，有时会昧着良心进行偷窃。

人心可分为三种，其一是起初神所赋予的属真理的灵心；其二是因着罪而形成的非真理的心；最后是人自己打造出来的良心。

神赐律法给旧约时代的人们，并将他们顺从律法的行为作为拯救的标准。可是神将这律法唯独赐给祂自己的选民以色列民族，而没有赐给外邦人，因而耶稣降世之前的人们，都是顺着自己的良心行事为人。

由于良心的律成为人们行为准则，良善的人即使遇到困难或窘境，也会顺着良心的声音，拒绝行恶，然而那些恶人则是随从私欲，犯罪作恶。

所以神使没有律法的外邦人，将自己的良心成为自己的律法，并将他们的行为作为拯救的依据，这便是良心审判。耶稣基督降世之后，那些因良心迟钝，心门紧闭，拒绝福音的人，就不能推诿说："因为我不明白，所以没信。"不过即使是现今时代，也会有从未听过福音的人，他们仍可以受到良心审判。

约伯由于不认识天国，从而认为自己死后的归宿将是阴间，殊不知自己本是天上的国民。他一直认为人一旦下入阴间，就永不能上来，从而在他没有任何指望。

6. 约伯误解神甚至在梦里也折磨他

> "我对神说: 我岂是洋海, 岂是大鱼, 你竟防守我呢?"(7章12节)

约伯知道洋海的壮阔、博大, 也知道龙是百兽中最为可怕的(注: 这里"大鱼"希伯来原文为tannim, 是指海里的龙; 韩文《圣经》也译为龙)。龙被世人看为尊大, 故有"望子成龙"等说法, 人们以为梦见龙就是鸿运当头, 飞黄腾达的预兆。

但是信神的人如果梦见龙或蛇, 是将面临大试探的预兆; 梦见猪也会遇见试探, 碰到难处。

这里约伯在埋怨神居然对他这样卑微渺小无能为力的人, 带来如此不堪承受的痛苦。他误解神早已预定责打他。

约伯是有智慧的人, 他了解自然规律, 通晓世务。仅观自然万物造化之奇妙, 约伯便不得不承认造物主——神的存在, 于是时常向神献上燔祭, 不过那只是出于惧怕而献的。

> "若说, 我的床必安慰我, 我的榻必解释我的苦情; 你就
> 用梦惊骇我, 用异象恐吓我。"(7章13-14节)

约伯切望能够卧榻安眠, 忘记这无止息的苦痛, 哪怕是片刻也

可以。可是约伯辗转反侧，难以入眠，就是好不容易入眠，也被恶梦和异象所惊醒。于是约伯抱怨神在梦里惊骇他，用异象恐吓他。

世人遇到难处或苦情就试图一睡方休，可是由于忧愁和挂虑满心，从而即便入睡也因梦境不好，无法安然深眠，约伯现在就是这样的状态。

然而有信心的人却不会这样。他们会将一切都交托于全知全能的神。他们遇到试探和患难，就会首先查出自己与神隔断的罪墙，以及没有蒙神保守的原因，然后在神面前痛悔认罪。没有真心信的人则会满心忧虑和愁苦，并且向神发出怨言。因此，我们应当凡事凭信心而行，好使神作我们随时的帮助。

约伯误以为神以惊骇与恐吓，使他片刻不得安宁，甚至在梦里也折磨他。然而，神不会用梦惊骇人。

梦可以分为属灵的梦和属魂的梦。属灵的梦是我们的灵做的梦，是由神指示将来的事，或由圣灵传递某种信息。

属魂的梦则是来自人自己的意念。还不能按真理而行的人，他们只能顺着人意度日，所以梦境也离不开人意。

比如说：他们若想去美国心切，或许会在梦中游览美国。心存恐惧而度日的人，会梦见强盗，或被凶手追赶。然而，过些时日就能得知，凡这样出自意念的梦，大部分都是虚梦，不会应验，世人管这种梦叫做"狗梦"（韩国民间对没有意义之梦的俗称）。

不过，一个人若脱去肉体的意念，按真理而行，变成属灵的人，就会做属灵的梦，这种属灵的梦大部分都会成为现实。

> "甚至我宁肯噎死，宁肯死亡，胜似留我这一身的骨头。我厌弃性命，不愿永活。你任凭我吧！因我的日子都是虚空。人算什么，你竟看他为大，将他放在心上，每早鉴察他，时刻试验他。"（7章15-18节）

约伯说："甚至我宁肯噎死，宁肯死亡，胜似留我这一身的骨头。"这是约伯由衷的告白，并不是由于"神用梦惊骇他，使他片刻不得安宁"而发的牢骚。可想而知约伯的痛苦是何等巨大！那么，面临痛苦艰险的时候，我们当怎样行呢？

我们应当恳切寻求神，向神交托仰赖，正如诗篇50篇15节所说："并要在患难之日求告我，我必搭救你，你也要荣耀我。"我们应当照着神的吩咐凡事谢恩——患病也要感恩；面对试探也要感恩，无论成功还是失败都要感恩。若是这样，神必使万事都互相效力，使我们常常经历到意外的惊喜。

约伯接着说："我厌弃性命，不愿永活。"约伯因没有信心，所以没有对属天的盼望，自然厌弃自己的性命。照约伯的心态看，约伯既已倾家荡产，儿女丧尽，就算得到了医治，还有什么意义和指望，又岂能认识到生命的宝贵！

然而，有信心的人就不一样，他们因为有属天的盼望，所以即使神取走了他们的儿女，他们也会因儿女们投入主的怀抱而感恩。约伯知道神，人的性命是神所掌管的，于是他继续埋怨神不收取他的性命，反而不停地折磨他，甚至在梦里也惊骇他，使他片刻不得安宁。

约伯说神看人为大，此话乃是真理。创世记1章记载，神照着祂自己的形像创造了人类，并尊他为"万物之灵长"。神看我们为宝为尊，甚至不惜自己的独生爱子耶稣基督，交给人钉死在十字架，做众人的赎价。而且神时时刻刻用火焰般的眼目看顾保守我们。

约伯还说神每日鉴察人。的确，神每日鉴察我们，我们的一举一动，一言一行，甚至我们的心思意念祂都参透。神鉴察我们的目的不是为了惩罚我们，乃是为了使我们不至于灭亡，进入真生命。当我们不行真理的时候，神就允准我们遭受试探患难，使我们醒悟自己的罪过，悔改归正，归神为圣，因为我们是祂所收纳的儿子，而不是私子。当我们以世俗为友，陷在罪孽中的时候，神就开导我们悔改认罪，脱离黑暗，进入光明。

所以，当你遇到难处或试探患难临头时，当要向神谢恩，并要查出问题的原因，痛悔认罪，拆毁罪墙。

"你到何时才转眼不看我，才任凭我咽下唾沫呢？鉴察人的主啊，我若有罪，于你何妨？为何以我当你的箭靶子，使

丢掉心里的虫子

我厌弃自己的性命？"（7章19-20节）

人"咕咯"一声咽下一口唾沫的时间极为短暂。约伯正在埋怨神使他片刻都不得安宁，不停地折磨苦害他。

神的目光片刻不离我们。祂时刻保守我们，指导我们，熬炼我们，都是因为祂爱我们的缘故。神就是这样对待约伯的。这是为了使他成圣，使他蒙福。

约伯尚不明白真理，只在知识的层面上认识神，从未经历过神。因为如此，神只好在约伯身上允准熬炼，使约伯从自己身上发现许多违背真理的部分，悔改归正，成就诚心和充足的信心，成为真正爱神并服侍神的儿女。

尽管受造的人类时常如此向神抱怨，宣泄刻毒之言，但神仍然闻而不咎，恒久忍耐。这乃是神不愿一人沉沦，愿万人悔改归正，蒙恩得救的慈爱的体现。我们应当了解神这般慈心。

鉴察我们心思意念的神，当自己的儿女犯了罪的时候，会受许多的苦。我们犯罪就等于在神的脸上抹黑，也等于在神的教会、仆人的脸上吐唾沫。

约伯向神反问："我若有罪，于你何妨？"然而，人若有罪，于神却是有妨。

其一原因是神人之间父子关系破裂；

其二是因知道儿女将会灭亡而感到痛心。

其三是由于犯罪的儿女不能进入神的国度，以至完全与神隔绝，从而心里悲痛。

其四是因为亏缺了主宝血的功效。

其五是因魔鬼的阴谋得逞而痛心。魔鬼的阴谋是要引诱神的儿女与神为敌，拦阻神的国和神的义成就。

假如爸爸劝儿子要好好学习，儿子却对爸爸犟嘴说："我的学习成绩不好，于你何妨？学习好不好，跟你有什么关系？"此时父亲的心该是多么伤痛呢？神的心也是如此。

"神啊，你为何以我当你的箭靶子，使我厌弃自己的性命？"

可见约伯对神的抱怨、哀叹和咒诅，已发展到嗤笑讥讽的程度；心态扭曲到了嘲弄神的地步。

"为何不赦免我的过犯，除掉我的罪孽？我现今要躺卧在尘土中，你要殷勤地寻找我，我却不在了。"（7章21节）

约伯现在有两种想法。一种是希望神取走他的性命，另一种则希望得到神的医治。但是他得不到神的应允。约伯就说那是因为神不赦免他的过犯，不除掉他的罪恶。

我们只要醒悟自己的罪，并且悔改归正，神必饶恕我们。然而，虽然约伯有很多过犯和罪恶，他却不悔改，反而说：神啊，我的过犯，你为何不给赦免，我的罪孽，你为何不肯涂抹？约伯口出如此荒谬的言语，怎能指望问题化解？

约伯遇见试探之前，对神存有惧怕之心，从而常献燔祭于神，可是因着不止息的毒疮之苦，如今他变得连神都不怕了。约伯悲叹自己的处境，声称巴不得快点死掉，有没有得到神的赦免无关紧要，因为下入阴间，便一了百了。

第八章

书亚人比勒达智慧的劝勉

1. 比勒达提醒约伯的遭遇是罪的报应

2. 解决问题得到应允的方法

3. 比勒达竭力用相对性的比喻劝勉约伯

4. 比勒达劝勉约伯只要活在真理里面就能恢复

你起初虽然微小，终久必甚发达。（8章7节）

1. 比勒达提醒约伯的遭遇是罪的报应

书亚人比勒达回答说："这些话你要说到几时？口中的言语如狂风要到几时呢？"（8章1-2节）

这下第二个朋友书亚人比勒达登场了。一直以来默默无语的比勒达，开始斯文地对约伯进行规劝，试图用神的道点醒约伯。

比勒达竭力用温柔的态度劝勉朋友约伯，不像以利法那样情绪激昂。他揣摩着能使约伯醒悟并悔改的方法，竭力用自己从别人口中得知的真理来劝勉约伯。

约伯不停地宣泄怨言恶语，比勒达实在听不下去，便反问说："这些话你要说到几时？口中的言语如狂风要到几时呢？"

什么是如狂风般的言语？

我们先查考"狂风"的属灵含义。台风吹袭的时候，往往导致房屋倒塌，船舶损毁，山洪倾泻，造成人身伤亡和巨大财产损失。

一个基督徒若不遵行神的道，像约伯那样口出违背真理的话，神就称其为狂风之言。我们所说的违背真理的话，都将成为撒但控告的把柄，导致试探患难临到身上。

刺伤别人的话、怨言、恶语、诅咒的话等正是属于这种狂风般的言语。台风对我们有害无益。同样，我们口里所出狂风般的言语，于人于己都没有益处。那么，为什么人口里的话能成为撒但的网罗，自招试探和患难呢？

我们一定要常常警醒祷告，省察自己，更新心意，好使自己不像约伯那样口出狂风般的言语。我们应当时常记住，我们一句话或会给对方带来信心、恩典与生命，或会使对方失去信心和恩典，甚至跌倒。狂风般的言语只能给人带来心灵创伤和精神上的痛苦。

"神岂能偏离公平？全能者岂能偏离公义？或者你的儿女
得罪了他，他使他们受报应。"（8章3-4节）

神不会偏离公平，也不会偏离公义。神必照着祂的应许，按照我们所种的所行的报应我们。

神绝不会偏离公平，正如启示录22章11-12节所说："不义的，叫他仍旧不义；污秽的，叫他仍旧污秽；为义的，叫他仍旧为义；圣洁的，叫他仍旧圣洁。看哪，我必快来。赏罚在我，要照各人所行的报应他。"

约伯曾经时常代替儿女们献祭。约伯在1章5节里说："恐怕我儿子犯了罪，心中弃掉神。"他深怕儿女们因罪而遭殃，便抱着恐惧的心，替儿女们献上燔祭。由于儿女们不悔改，约伯就担心他们会遭殃，心里一直不平安。约伯素来对神心存恐惧（3章25节）。

约伯的朋友们都知道约伯的儿女平素没有像约伯那样仁义，于是对约伯说：你儿女们年幼被神接去乃是罪有应得，你何必埋怨神。

神时常同行并保守那些恒切祷告，竭力顺从神言，爱神并遵行祂诫命的儿女。神的儿女遇到困难或试探患难，无非是有过欺哄神的事或做过违背真理的事。

大卫谋杀自己的忠臣乌利亚，犯下了杀人罪时，神差派拿单先知责备大卫。大卫谦卑领受责备，就地悔改认罪，蒙了赦罪之恩。然而他依然遭到仇敌魔鬼撒但的控告，经受巨大的试炼。

撒母耳记下12章14节说："只是你行这事，叫耶和华的仇敌大得亵渎的机会，故此你所得的孩子必定要死。"

大卫犯罪，给仇敌魔鬼撒但留下了控告的把柄，神只好按照灵界的法则允准撒但的控告。虽然大卫用禁食恳求神的怜悯，但他的儿子最终还是死了。

约翰福音5章14节记载：病了38年的患者遇见耶稣而得到医治的情形。后来耶稣在殿里遇见他时说："你已经痊愈了，不要再犯罪，恐怕你遭遇的更加厉害。"意思是说：如果重新犯罪，就会旧病复发，甚至比先前更加厉害，若不犯罪则必然病得痊愈。

仇敌魔鬼撒但也在神的掌控之中，因此只要我们按真理而行，就能得到神的保守，凡事亨通。

2. 解决问题得到应允的方法

> "你若殷勤地寻求神,向全能者恳求; 你若清洁正直,他
> 必定为你起来,使你公义的居所兴旺。你起初虽然微小,
> 终久必甚发达。"(8章5-7节)

书亚人比勒达劝勉约伯要殷勤地寻求神,向全能者认罪悔改。从中我们可以看出约伯的朋友们彼此有意见上的分歧。

提幔人以利法在约伯记5章1节对约伯说:"你且呼求,有谁答应你?"他是用非真理误导约伯,比勒达则用真理教导约伯说:你要殷勤寻求神。

约伯若想要在神面前悔改归正,首先要殷勤向神祈求。"神啊!我因心里的恶,一直宣泄狂风般的言语,求您饶恕我的过犯。"应当这样以实际行动求神的怜悯和宽恕。

要成为清洁正直

我们只在口里认罪是毫无用处的,定要做成心里的割礼,洁净自己的内心。我们应当彻底认罪悔改,回心转意,将自己的内心打扫得干干净净。

接着"使你公义的居所兴旺"意指:神将言语诚实,行为端正的人认定为祂公义的居所。神看透人的内心,不清心的人,神不称他为义。人往往只把人的行为表现作为判断正直与否的依据,但神

是洞察人内心的，所以我们的内心要清洁、正直。这时神必使我们凡事亨通，"起初虽然微小，终久必甚发达"。

约伯此时必须要由零开始，从头再来。虽然现在儿女、财产都失去了，但是只要对自己曾说过的狂风般的言语悔改归正，并恳求神的恩典与能力，必能从神领受凡事亨通的祝福。这不是比勒达的话，而是神的话。

谋事在人成事在天，我们所经营的事，必须建立在信心的根基上。我们凡事都需要靠着信心做，没有信心就无法悔改，也不能归正，更不能自洁成圣。

我们祷告神并遵行神的话语，就能领受属天的信心，我们从芥菜种大的信心，渐渐成长为大信心。神就是照着这属灵的信心成全我们所求的。

如果殷勤向神祈求，依靠全能者，自洁成圣，行正直的事，我们的灵魂就会日渐兴盛。只要我们灵魂兴盛，神就祝福我们家庭蒙恩、工作顺利、事业兴旺，凡事亨通，身体健壮。

"请你考问前代，追念他们的列祖所查究的。（我们不过从昨日才有，一无所知，我们在世的日子好像影儿。）"（8章8-9节）

比勒达劝勉约伯不要固执己见，唯我独对，要考问古人，学习列祖所查究的。我们若想醒悟自己的缺欠，首先要将神的道作为唯一的标准去对照自己。《圣经》详细记述着蒙神爱的仆人怎样凭信心行事，又怎样爱神。

这里"一无所知"是指与古人相比见识短浅、入世不深。"我们在世的日子好像影儿"意指：我们人生如同影子时隐时现，朝夕不一，反复无常，是短暂而有限的。因此要学习传承数千年的古训，醒悟自己的错误。

那么，我们该向谁学习呢？首先要向我们的神学习，需谦卑屈膝，领受祂的训诲，不要主张自己是对的，也不要以自己的知识当先。神赐予我们永恒不变的真理——《圣经》66卷书中的神言。这真理的话语里面记录着爱神并蒙神爱的古人先知们的事迹。

通过《圣经》，我们可以学到挪亚是怎样预备方舟的、摩西怎样引领数百万百姓、大卫爱神有多深、但以理怎样不与世俗妥协，忠贞不渝，坚守信仰等。

"他们岂不指教你、告诉你，从心里发出言语来呢？"（8章10节）

古人先知的一切训诲，以及他们的所有言语行为，都将成为众人的反光明镜，成为审判人的衡量标准。我们若以神所喜爱的古人先知为鉴，就能清楚分辨自己的对与错，有罪无罪等。

神的话语囊括一切判断是非善恶、正义邪恶的标准。也包括信心的实意、救赎的原则、天国和地狱等等。

3. 比勒达竭力用相对性的比喻劝勉约伯

"蒲草没有泥岂能发长？芦荻没有水岂能生发？尚青的时候，还没有割下，比百样的草先枯槁；凡忘记神的人，景况也是这样。不虔敬人的指望要灭没，他所仰赖的必折断，他所倚靠的是蜘蛛网。他要倚靠房屋，房屋却站立不住；他要抓住房屋，房屋却不能存留。"（8章11-15节）

比勒达以蒲草和芦荻的比喻阐述相对性。约伯是知识渊博的人，因此比勒达极力用爱心，绞尽脑汁，挖空心思点醒约伯，使他悔罪。

蒲草是多年生水生草本植物，是编制坐垫或席子的材料。蒲草长在淤泥中，芦荻生于水中，这是人人皆知的常识，比勒达说这比喻的意思是：万事万物都具有相对性。

蒲草一般生长在污浊的浅水，扎根在腐蚀的淤泥中，由于根基不牢固，从而人可以轻易将其拔出来，而且会提早枯萎。

芦荻也是长在海边或池沼的淤泥中，因此扎根也不深。蒲草和芦荻都是绿色植物，但是不耐太阳暴晒，很快就枯黄凋零，瞬间失去其价值，变成无用之物。那么，比勒达真正要说的是什么呢？

"约伯！你之所以口吐狂风般的言语，不就是因为没有敬畏神，不怕神的缘故吗？当你健康的时候不也曾替儿女们献上燔祭，以恐惧的心服侍神的吗？可见你的心若不邪恶，岂能不停地宣泄如此狂风般的恶言！"

比勒达的意思是：蒲草只能生长在有水的地方，它不耐炙热阳光的暴晒，经久会枯黄凋零，同样，约伯你远离神，若不悔改归正，你的命运就会像这样的植物一样，凋零枯萎。也就是说：对神忘恩负义者的道路也都会如此。

人口里所出的不平、不满、恶言和咒诅，不是出自别处，乃是出自心里。比勒达在委婉地提醒约伯说：如同种子撒在田间，按时结果一样，你的怨言就是你顽恶的心地所结的果子。

比勒达知道若对情绪扭曲的人直接了当地加以责备，只能产生负面效果，因此他对约伯采取以暗喻柔和劝勉的方法。

接着"不虔敬"意指"不诚敬、恭敬"，就是指人品行不正。比勒达说"不虔敬人的指望要灭没"，他没有正面谴责约伯心地顽恶，而只是用比喻来提醒约伯是不虔敬之人。

我们如果真正相信神，就绝不能成为像约伯一样不虔敬的人。我们当以良善、仁义、诚实、圣洁的心为本，虔诚度日。

比勒达又说："他所仰赖的必折断，他所倚靠的是蜘蛛网。"那么，以前约伯所仰赖的是什么呢？约伯曾经有过很多仰赖的，包括儿女、财产和知识等。比勒达借以表示对神心存恐惧而不仰赖神的人，如同蜘蛛网触手可破，遇风即断，终究必然败坏沦丧。约伯犹如倚靠蜘蛛网，最终落到两手空空的地步。

"约伯! 蒲草没有泥岂能发长? 芦荻没有水岂能生发? 你心里若没有恶，怎能口出狂风般的言语? 神向你掩面也是因为你心里有恶。然而，只要你痛改前非，清洁自己的内心，神必会使你死灰复燃。神是公义的，'你起初虽然微小，终久必甚发达'。你要寻求神，靠神重新得力，东山再起。"

4. 比勒达劝勉约伯只要活在真理里面就能恢复

"他在日光之下发青，蔓子爬满了园子。他的根盘绕石堆，扎入石地。他若从本地被拔出，那地就不认识他，说: 我没有见过你。看哪，这就是他道中之乐，以后必另有人从地而生。"（8章16-19节）

这里"他在日光之下发青"的属灵含义是什么呢? 日光指的是光明，光又是代表着神的言语——真理。耶稣说祂自己是真光，是道路、真理和生命。

就像植物通过日照，青绿发旺一样，我们也要遵行神的道，活在神的真理里面，使信心长进，根基立在磐石之上。那么，"植物在日光下发青，……他若从本地被拔出……"是什么意思呢？

植物在日光下生长旺盛，青翠油绿，但若由于某种原因被连根拔起，就会前功尽弃。同样，一个人即使信心成长，根基立在磐石之上，他若重新迷恋世界，远离神，陷在罪孽中，就会变得一文不值。人一旦偏离真理，神就会向他掩面，从而得不到神的保守。

即使是一个信心日渐增长的人，也不能掉以轻心，当骄傲的念头乘虚而入的时候，应当及时铲除，如果纵容接受，就会不知不觉成为撒但的俘虏，以至从神的子民中被拔除，变得一事无成，一无是处。

植物的根被拔，以至枯死，就归为空无，而离开神的人，则注定要落入地狱，永受火刑，这是何等大的悲剧呢？

因此我们要常常住在神的话语里面，如同植物在日光下保持它的青绿一样。并要植根于真理的磐石，越扎越牢，茁壮成长，直到主再来的那日。

在资财丰盛的时候，约伯过着幸福快乐的生活，但如今属于他的一切都被"拔除"，等待他的只有苦难，于是他巴望早日离开人世，摆脱痛苦。

"神必不丢弃完全人，也不扶助邪恶人。他还要以喜笑充

满你的口，以欢呼充满你的嘴。恨恶你的要披戴惭愧；恶人的帐棚，必归于无有。"（8章20-22节）

我们的神必不丢弃完全人，祂也不扶助邪恶的人。邪恶人事业兴旺，不过是一时的，最终必然倒闭。他们终日为许多事忧心挂虑，烦躁不安，历尽千辛万苦积累财富。但他们终必身败名裂，倾家荡产。但比这更重要的是：他们的灵魂最终要经历第二次的死，即落入地狱，永受火刑，如此的人生有何价值可言呢！

信仰根基立在真理的磐石之上、爱神又蒙神爱的人，能得享凡事亨通的人生，并能度过常常喜乐，不住地祷告，凡事谢恩，被圣灵充满的生活。如此，遵行真理、自洁成圣的人，必然毫无缺乏，使恨恶他的人抱愧蒙羞。

如果有谁咒诅蒙神爱的人，那咒诅反而会归到他自己身上。恶人的帐棚终究归于无有，恶人的结局就是灭亡。

书亚人比勒达智慧的劝勉

第九章

约伯的无知和扭曲的心态

1. 约伯误解神是为所欲为的神

2. 约伯误解神是预定的神

3. 扶助拉哈伯的人和属灵的祝福

4. 约伯误解神是令人恐惧的审判者

5. 双重心理

6. 神说约伯是完全人的原因

7. 约伯把神当成坏神

他从我旁边经过,我却不看见;他在我面前行走,我倒不知觉。(9章11节)

1. 约伯误解神是为所欲为的神

约伯回答说："我真知道是这样。但人在神面前怎能成为义呢？若愿意与他争辩，千中之一也不能回答。他心里有智慧，且大有能力。谁向神刚硬而得亨通呢？"（9章1-4节）

约伯认同朋友比勒达言之有理。不过约伯又加了一句"我真知道是这样"，这是约伯无奈的心情之表白，就是表示他现在落到这般窘境，口出狂风般的言语，不停地抱怨神，哀声叹气，这些都由不得自己。

约伯在第6章30节曾主张自己是义人："我的舌上，岂有不义吗？我的口里岂不辨奸恶吗？"然而现在却又说："人在神面前怎能成为义呢？"

意思是：我平生没有犯过罪，与别人相比，我是仁义的，然而与神相比，我就算不上什么义人。可见约伯心里还存留着一丝良心。约伯认为自己比别人正直，可是朋友们却不停地指出他的错，约伯自然感到恼火。

人与神争辩，神若反问，千句中人连一句也不能回答，这是明摆的道理。然而约伯话里有话，我们应当查考他的本意。

谁能胆敢与神争辩？在神面前我们应该只有顺从与敬畏。神是公义的，在祂毫无瑕疵、玷污，我们还能与神争辩什么呢？"若愿意与他争辩，千中之一也不能回答。"这是天经地义，不容置疑。

约伯自以为有智慧，但他知道自己的智慧在神面前却算不得什么。约伯一直认为神凭着智慧和大能力，强行收走了他的儿女和财产，并使他遭受疾病之苦。

约伯对神的认识只局限在属肉的层面上。神的智慧是无法测度的。神通过万世以前所隐藏奥秘的智慧，将我们引入天国。神粉碎了仇敌魔鬼撒但的营垒，打破了死亡权势。这就是神的智慧，又是神的大能。

如约伯所言，心里刚硬不肯遵行神言语的人，不能蒙神凡事亨通的祝福。但约伯虽嘴上这么说，却对自己硬着心悖逆神的事实执迷不悟。约伯正因为如此硬着颈项抗拒神，所以他对朋友们的一片苦心不屑一顾，掩耳不听他们援引真理的规劝，没有一丝悔意。

如果约伯的这一告白是真实的，即如果约伯真正敬畏神，他必然悔改归正，疾病也早已痊愈了。但约伯却能说而不行，怎能得到神的祝福呢？

2. 约伯误解神是预定的神

"他发怒，把山翻倒挪移，山并不知觉。他使地震动，离其本位，地的柱子就摇撼。他吩咐日头不出来，就不出来；

又封闭众星。他独自铺张苍天，步行在海浪之上。他造北斗、参星、昴星，并南方的密宫。他行大事不可测度，行奇事不可胜数。"（9章5-10节）

神决不会因恼怒而随意把山翻倒挪移。约伯在误解神是预定的神。他认为神是预定万事，独断专行的神。约伯的意思是：我是义人，清白无辜，可是神无故向我发怒，将我翻倒。这都是神早已预定的。

第7节里，约伯说："他吩咐日头不出来，就不出来；又封闭众星。"神绝不会随意移山、使地震动。神虽曾借着约书亚使太阳和月亮停止运行，但从未吩咐日头不要出来。夜空中的点点繁星，各循星座排位。约伯就是把这种繁星永恒不变地各就其位的现象说成是神封闭了众星。

正如约伯所说的，神独自铺张了苍天，但并不是漫无目的地随意铺张的。神不只是宇宙的主宰，也是四维空间属灵世界的主宰。亦如创世记一章所记录的，神为人类造了太阳、月亮、繁星和地球等，而且是按照灵界的法则，在指定的空间，按照需求，准确无误地铺张了宇宙。

神照着祂自己的旨意，创造了日月星辰等万物，为人类预备了赖以生存的环境、接受耕作的空间。并不是像约伯所说的那样，万物都是神滥用自己的主权，任意创造出来的产物。

在本文中参星、昴星并没有什么特殊灵意。"南方的密宫"也是如此，只是在约伯看来暖风是从南方吹来的，所以觉得南方应该有富饶美丽的密宫。我们从《圣经》中可以了解到神所施行的诸多奇事，包括红海被分开、耶利哥城被塌陷、埃及降十灾等。

可想而知，神在数千年的时间里，所彰显的神迹奇事，数不胜数。在现今时代，神也借着万民中央教会彰显了无数的神迹和奇事以及"非常的奇事"（使徒行传19章11节）。

因此我们绝不能误解神是预定万事且又独断独行的神。约伯认为自己无缘无故遭受痛苦的煎熬，都是神预定安排的结果。正因为如此，约伯一直不能醒悟自己的错，不能悔改自己的罪。

"他从我旁边经过，我却不看见；他在我面前行走，我倒不知觉。他夺取，谁能阻挡？谁敢问他，你作什么？"（9章11-12节）

约伯说：神从旁边经过，他却看不见；神在前面行走，他也感觉不到。我们会如何呢？神从我们面前经过，我们能感觉不到吗？我们领受圣灵的人，都能感觉到神的同在。并且知道并相信神时常用火焰般的眼目看顾和保守我们，甚至连我们的头发也数得过。

我们敞开心门接待耶稣基督为个人的救主，就能领受所赐的圣灵。我们若靠着这样的体验和确信不住地祷告，属天的盼望和喜乐就会临到我们的心里。随着离弃罪恶，遵行神的话语，心里越发充满所赐的平安，而且越发清晰听到圣灵的声音，具备辨别真理与非真理的能力。因此当神从我们面前经过，即圣灵运行的时候，我们就能觉察到。

约伯在埋怨神是坏神，因为他认为是神夺走了他所有的儿女、财产和健康。他又抱怨说："谁敢问他，你作什么？"意思是：无人敢问神说"神啊！您所做的是什么事呢？怎能这样强夺我的一切呢？"神绝不会从自己儿女手中夺走任何东西。神反而与我们承诺说："寻找的，就寻见；叩门的，就给他开门。"可见约伯此时说的话，是与真理背道而驰。

《圣经》记录着神与大卫、摩西等所爱的仆人对话的场面。神若不把将来的事告知祂自己所爱的仆人，就一无所行（阿摩司书3章7节）。祂还通过异梦、异象、圣灵的声音，与自己所爱的儿女们进行交通，开展圣工。

可是约伯却误解神是随心所欲的独裁者。他认为神别说是对人类的提问不屑一顾，压根就不准人类向祂提问。约伯的无知愚昧在这里表露无遗。

3. 扶助拉哈伯的人和属灵的祝福

"神必不收回他的怒气；扶助拉哈伯的，屈身在他以下。既是这样，我怎敢回答他，怎敢选择言语与他辩论呢？"（9章13-14节）

神并不是约伯所说的那样不收回祂的怒气。神曾应许说，只要我们悔改归正，祂就收回祂的怒气。旧约时代，以色列百姓因远离神、拜偶像的缘故，受周边国家的侵略，被俘掳去。但是当他们屈膝向神认罪悔改，重新寻求神的时候，神就饶恕他们，且给他们成全复国的心愿。

神向我们承诺：只要我们认罪悔改，就赦免我们罪过，"东离西有多远，祂叫我们的过犯，离我们也有多远"（诗篇104篇12节），并说不再记念我们的罪愆（希伯来书8章12节）。

约伯还打比方说："扶助拉哈伯的，屈身在他以下。"这里"拉哈伯"是指什么呢？

神在以赛亚书30章7节里称埃及为坐而不动的拉哈伯；又在以赛亚书51章9节说："耶和华的膀臂啊，兴起！兴起！以能力为衣穿上，象古时的年日、上古的世代兴起一样。从前砍碎拉哈伯、刺透大鱼的，不是你吗？"

由此可知，拉哈伯指的是埃及，那么《圣经》中到底有谁帮助了埃及呢？查考以色列的历史，便可以得知，那就是雅各的第十一个儿子约瑟。

如果不是约瑟，埃及早已亡于七年旱灾，是以色列帮助埃及躲避亡国的命运。然而，随着岁月的流逝，埃及却淡忘了约瑟的恩典，并把约瑟的后裔——以色列百姓当作奴隶来使唤，便是恩将仇报，辱没恩人。人心就是如此狡诈，但我们千万不能存有这样的心。

在这里约伯所说"扶助拉哈伯的"是指：约瑟和他的弟兄以及他们的后代。约伯是在反问神：以色列恩待埃及，神倒使以色列沦为埃及的奴隶，屈服于埃及的权下；敬畏神又向神献燔祭的我，如今不也像以色列百姓一样，落到这般悲惨的结局吗？

约伯表示：据我看来，神如此不公义，哪有辩论的余地呢？

不过在此有一样不可误解的，就是神使以色列百姓在埃及作奴仆，是为了赐福于以色列百姓。

神悦纳亚伯拉罕的献祭，便与亚伯拉罕立约，说："你要的确知道，你的后裔必寄居别人的地，又服侍那地的人，那地的人要苦待他们四百年。并且他们所要服侍的那国，我要惩罚，后来他们必带着许多财物从那里出来。"（创世记15章13-14节）

到这段经文，或许有人觉得岂能有这么奇怪的祝福！神真是不可理解。那么为何说以色列人寄居外邦，做客旅，过为奴的生活是神的祝福呢？

如此我们若不明白神的旨意，就很容易误解神，从而还会对神产生质疑："我殷勤祷告，诚然服侍神，可为什么迟迟得不到祝福和应允？"

那么，人生在世最为有价值的祝福是什么呢？信心虽眼不能见，却是我们蒙恩得救，进入天国的必备条件。神如果把这等宝贵的信心赐我们作礼物，岂有比这更大的祝福呢？

随着我们的信心渐渐增长，灵魂得以兴盛，自然临到凡事兴盛、身体健壮的祝福。如果一个尚未具备属灵的信心，灵魂还未兴盛的人得到物质上的"祝福"，那么这断不是从神来的。那些"祝福"不知何时就会不翼而飞，化为乌有了。不知道有多少人一旦发了财，就对信仰生活的热心渐渐冷淡，财迷心窍，远离神，沉溺于世俗。这就是人心之诡诈的真实写照。

神通过创世记15章16-17节的经文，告诉我们熬炼就是祝福的真理："'到了第四代，他们必回到此地，因为亚摩利人的罪孽还没有满盈。'日落天黑，不料有冒烟的炉，并烧着的火把，从那些肉块中经过。"

有些人认为由于亚伯拉罕没有按照神的吩咐献祭，令神震怒，从而导致他的后裔在外邦国度度过400多年的为奴生活。然而，这种解释显然不正确。

亚伯拉罕时常向神献祭，对神的吩咐百依百顺，所以他每次献祭，都与神的旨意相符。于是神悦纳他所献的燔祭，就向他降火显应。

如经上所言，神只有在亚摩利人恶贯满盈的时候，才肯审判他们。因为神是公义的，所以祂不能无条件地把亚摩利人之地，即迦南地赐给亚伯拉罕。神按照灵界法则，要等到那地的人恶贯满盈的时候，夺取那地，赐给以色列人。

为了建立一个国家，神安排约瑟全家来到埃及。后来，他们照神的应许，带着许多财物离开埃及。神又借着分开红海、降十灾于埃及等神迹奇事，向万邦宣告以色列百姓是神的选民。这是何等大的祝福呢？

而且，就象生长在野地里的杂草具有超强的生命力一样，以色列百姓在为奴的岁月当中，经历各样逆境，变得极其刚强，才得以征服了迦南地，并成长为强大的民族。就这样亚伯拉罕的后裔在埃及过为奴之生活，其中蕴含着神奇妙的旨意。

但是约伯却反问道："虽然约瑟拯救了埃及这个大国，但神还是让他的后裔沦为奴隶。何况象我这样微不足道的人呢？神能因为我献祭于祂，就按公义待我吗？"

4. 约伯误解神是令人恐惧的审判者

> "我虽有义，也不回答他，只要向那审判我的恳求。我若呼
> 吁，他应允我，我仍不信他真听我的声音。"（9章15-16节）

约伯说"我虽有义"，这次似乎对自己是公义的说法，不像以前那样有自信，我们从中可以看出约伯两种矛盾的心态。他原本自以为义，可是因朋友们不停地指责他是不义之人、罪人，便有些迷茫。

而且跟神相比，也觉得自己并不公义，就是说约伯原本自以为义，但在神面前却觉得自己不义，便心里矛盾，感到愁烦。

现在约伯心态扭曲，继续抵挡神。当你读约伯记的时候，有何感想呢？

是不是在想"约伯实在太过分了，居然如此伤透神的心，我可不像约伯！"神借着约伯记把人整个的心一一刺透剖开，因此我们应当通过约伯能发现自己的负面心态。

约伯千方百计向神央求，却得不到任何回应，便自暴自弃，吐露自己悲伤绝望的心情。

约伯又说："我若呼吁，他应允我，我仍不信他真听我的声音。"从中我们可以看出约伯的心态越来越如麻花纠结扭曲。

> "他用暴风折断我，无故地加增我的损伤。我就是喘一口

气，他都不容，倒使我满心苦恼。"（9章17-18节）

仅凭从约伯口中所出的这些话，我们也能知道约伯在犯大罪。神允准撒但的控告，也是因为约伯心里有如此的恶。

出埃及记15章26节是这样说的："你若留意听耶和华你 神的话，又行我眼中看为正的事，留心听我的诚命，守我一切的律例，我就不将所加与埃及人的疾病加在你身上，因为我耶和华是医治你的。"

并不是神用暴风折断约伯，疾病也不是无故临到约伯。当约伯身患肮脏丑陋，恶臭扑鼻的毒疮时，便喷发出隐藏在心里的污秽。这就是神不得不熬炼他的缘由。

约伯甚至埋怨神连一口气都不容他喘。然而，神绝不是"使人满心苦恼"的神，祂乐意祝福自己的儿女，并愿意因着儿女们得荣耀。

"若论力量，他真有能力；若论审判，他说谁能将我传来呢？"（9章19节）

神的确是大有能力的神，然而约伯说神有能力，却是另有其意。约伯之所以说"神真有能力"是话里有话，是因他认为神是一夜间夺走他所有一切的强而有力的可怕的神。

约伯的无知和扭曲的心态

但是我们应当对神的"能力"持有正确的认识。神因着爱我们，将自己的独生爱子耶稣基督差遣到这地上，打破了仇敌魔鬼撒但的死亡权势。神的能力是战胜死亡权势的能力，是复活的能力。作为审判者，神的能力又体现在照着各人所行、所种的报应各人。

在这里，约伯把神形容为滥用主权，预定万事，为所欲为的可怕的审判者。可是我们当要明白：公义的审判是因着本为真理的磐石耶稣基督才得成全。约翰福音第1章里记载：万物都是藉着耶稣基督所造的。我们得救、蒙神应允，也都是因着耶稣基督的名。

神是公义的审判官。祂用不变的真理，照着灵界的法则施行公义的审判。约伯因不了解这一事实，便妄称神是独断专权，为所欲为的神。

5. 双重心理

"我虽有义，自己的口要定我为有罪；我虽完全，我口必显我为弯曲。我本完全，不顾自己，我厌恶我的性命。"（9章20-21节）

约伯的双重性心理在此表露无遗。约伯正在一边为自己控诉，一边为自己辩护。"定罪"是指对犯罪行为的代价；"弯曲"意指偏离正道，走邪、败坏。

约伯自以为正直、公义，行事为人无可指摘。可是朋友们却说他不义、不完全，是个罪人。便无奈用自己的口定自己为有罪，承认自己为弯曲。这反映出约伯的双重心理。

我们应当脱去这种双重心理。约翰一书3章18节说："小子们哪，我们相爱，不要只在言语和舌头上，总要在行为和诚实上。"

这里，约伯最终仍然咬定自己是完全人，并声称自己虽清白无辜，却被全能者彻底击垮败落，生活面目全非，现今面临的残酷现实，只能使他厌恶自己的性命。我们不能像约伯那样心怀二意，跟神狡辩。我们应当时常用真理对照自己，若发现有不对之处，就果断地承认自己的错，惟独这样我们才能发现本我。

> "善恶无分，都是一样，所以我说：完全人和恶人他都灭绝。若忽然遭杀害之祸，他必戏笑无辜的人遇难。"（9章22-23节）

约伯声称神是独断专权，为所欲为的神，因此人无论行义还是作恶，结局都是一样。"对我这样完全、公义的人，神都如此折磨苦待，显然神将善人和恶人一视同仁，在祂没有公义，只有预定和专行。"

然而，神是公义的审判官，人所作的事，连一切隐藏的事，无论是善是恶，祂都必审问（传道书12章13节）。祂必照各人的行为报应各人——恶人有恶报；善人有善报，完全人必照他的行为得到相应的赏赐（玛拉基书4章1-3节；申命记28章）。

约伯显然对神持有错误的看法，他认为无辜的人遇难时，神会对他戏笑。约伯说"若忽然遭杀害之祸"是因为觉得自己曾经就是这样忽然遭灾的。

由于情绪激动，约伯甚至对神讥笑讽刺。约伯在错误的想法中愤然宣泄自己的委屈。约伯尽管自己口无遮拦地宣泄恶言，却反而称神是恶的。

6. 神说约伯是完全人的原因

> "世界交在恶人手中，蒙蔽世界审判官的脸，若不是他是谁呢？"（9章24节）

人人都有未知的深层内心世界。因为人心是从父母遗传下来的"精气"和通过生活环境所见所闻所学渐渐打造出来的。

在经历试探患难的过程中，约伯深层的内心本质渐渐呈现出来，约伯便得以发现自己内心里污秽丑陋的一面。神是察看人肺腑心肠的神，祂能参透人深层内心。遇见试探之前，神虽认定约伯为完全正直的人，但祂早已看出隐藏在约伯内心深层里的恶。而且撒但也知道此事，便在神面前进行控告，神也只好允准撒但的试探。

约伯抱怨神的审判不公正，甚至把他这样完全正直的人都推进了痛苦的深渊。

法官若收受贿赂，就会昧着良心颠倒是非，歪曲公义。约伯断定神就像受贿的审判官一样，歪曲公义与公平。

然而，神是公义的神，正如诗篇9篇8节所说："他要按公义审判世界，按正直判断万民。"起初，植根于约伯内心深处的恶，一点一点显露，现在却如决堤的河水，喷涌而出。这些恶都是连约伯自己都未曾发觉的。

那么，神为什么曾说约伯是完全正直的人呢？那是神论约伯当时的状态而言的。

> "我的日子比跑信的更快，急速过去，不见福乐。我的日子
> 过去如快船，如急落抓食的鹰。"（9章25-26节）

遇见试探之前，约伯所了解的有关神的知识，都是从书面或别人口中得来的。在此基础上他打造出自己独特的真理的原则。比如说他靠着"只要以感恩的心祈求，神必应允我"的原则，能够以感恩的心忍受试探。他就是这样凭着知识上的信心，能够在有限的范围内胜过试探。

但是当第二轮试探接踵而至时，约伯真理的原则被打破，再

加上毒疮依然不见好转，约伯心里隐藏的恶便开始显露。

"我的日子比跑信的邮差更快，飞逝如梭，不见福乐。我心灵空虚无望，如同船只驶过，不留遗痕，归为虚空，且像空中盘旋，盯准猎物，急落抓食的鹰，迫切渴求解脱苦难。"

"我的日子比跑信的更快，急速过去。"是表示自己的原则被打破的无奈，同时也表示时间的流逝。约伯说"我的日子过去如快船"，这个比喻所包含的意思是：如同快船驶过不留遗痕，徒然无益，我的人生也是在无聊和空虚中白白飞逝。

而且，他还表示自己的心情就像猎鹰发现目标，就急速俯冲而下，猎取食物一样，焦急又迫切。

约伯的朋友们当时如果能够体谅约伯伤痛的心灵，就可以对症下药，进行爱心的劝勉。所以我们不能像约伯的朋友们那样出言伤人，而是要体谅他人伤痛的心灵，用真理和爱心感化对方，使对方能够悔改归正。

7. 约伯把神当成坏神

"我若说，我要忘记我的哀情，除去我的愁容，心中畅快。
我因愁苦而惧怕，知道你必不以我为无辜。我必被你定为

有罪，我何必徒然劳苦呢？"（9章27-29节）

约伯认为自己是无缘无故受神管教，因而觉得冤枉和委屈。可是朋友们却不停地对他加以劝勉和指责，于是他说："就算我真的照你们的劝勉忘记我的哀情，除去我的愁容，心中欢喜快乐，又有什么用处呢？因为你们势必照样定我有罪。"

在此"我因愁苦而惧怕"有什么意思呢？约伯认为就算自己得到医治，神照样会无故责打他，使他再次陷入痛苦之中。

我们只要诚然悔改，在光明中行，神必不记念我们的过犯，东离西有多远，祂叫我们的过犯离我们也有多远，正如诗篇103篇12-18节说："东离西有多远，他叫我们的过犯离我们也有多远。父亲怎样怜恤他的儿女，耶和华也怎样怜恤敬畏他的人。……就是那些遵守他的约，记念他的训词而遵行的人。"

从这段经文中我们可以得知，神赦免我们的罪是有前提条件的。就是当我们敬畏神的时候才能得到神的饶恕。我们若敬畏神，遵守祂的律例典章，自然就会认罪悔改，并在光明中行。这时神就赦免我们的罪，并用主的宝血洗净我们，使我们在神面前得称为义，成为名副其实的神的儿女。

约伯始终不肯听取朋友的劝勉，断言自己永远无法摆脱这般苦境，因为神必照旧定他有罪。因此认罪悔改都是徒劳无功的。我们若还有像约伯一样的心，就当及时悔改归正。

此话反映出约伯心里的恶。跟神谈条件的，往往都是信心软弱的初信徒。其实我们单凭罪蒙赦免，得到救恩这一事实，就应该对神感激不尽，然而他们却反过来跟神讨价还价。

"主啊，如果您帮助我解决这个问题，我就专心服侍教会。"

"主啊，我做过禁食祷告，也做过彻夜祷告，可为什么还没有应允呢？不然我就要离开教会了。"

而且还有这样一些人，他们一旦遇到试探，就对神产生怀疑，忧心忡忡，挂虑满心。一个基督徒跟神谈条件，就是他没有信心的明证。约伯的信仰正是这种有条件的信仰。

一个信神的人，遇到难处，发生问题，就忧心挂虑，企图依靠自己的能力去解决，而不向神交托仰望，便是不完全信赖神的表现。

"我若用雪水洗身，用碱洁净我的手，你还要扔我在坑里，
我的衣服都憎恶我。"（9章30-31节）

"用雪水洗身"是指水源非常紧缺的状态。"用碱洁净生毒疮的手"是表明所付出的艰辛的努力。约伯认为尽管这样用稀贵的碱水和雪水精心洗净自己，神照样再次把他扔进坑里，所以连没有生

命的衣服也会憎恶他。约伯越来越把神当成又恶又坏的神。

"他本不像我是人，使我可以回答他，又使我们可以同听审判。我们中间没有听讼的人可以向我们两造按手。"（9章32-33节）

约伯从古人口中了解神。亚伯拉罕和摩西先知等古人先知都曾与神对话、交通，但是约伯却否认这些事实，却说人甚至向神回答也是不可能的。

约伯的信心是通过风闻建立起来的知识上的信心，而非属灵的信心，因此无法从心里相信神的道，更无法说出信心的告白。然而神是慈爱和公义的神，对恳切寻求神的，神必向他显现，不会对寻求他的人，沉默不语。

而且，约伯认为自己得病，是神造成的，因此觉得神是"原告"，自己是"被告"。约伯悲叹两造之间，即被告和原告之间没有听讼的人，可以进行公断。意思是：自己虽受冤屈，沦为被告，却无人做出公正的判决，为他伸冤。

约伯的话愚拙而荒唐，令人发笑。然而，约伯并非起初就是这样的。我们应当知道，这段经文，淋漓尽致地呈现出人的心态。

人生在世难免遭遇试探。我们可以看到这样一些人，他们事业倒闭，倾家荡产，无力挽救，束手无策，孤立无助，便灰心绝望，

约伯的无知和扭曲的心态

自暴自弃，就将自己摆在被告的位子，自己咒诅自己。

然而，真正信神并倚靠神的人，就算他沦落为乞丐，也会向神谢恩，盼望天国，常常喜乐，以信为本，虔诚度日。绝不会像约伯那样意气消沉，怨天尤人。

> "愿他把杖离开我，不使惊惶威吓我；我就说话，也不惧怕他，现在我却不是那样。"（9章34-35节）

"杖"意味着神主权的体现。旧约《圣经》中："杖"意味着神的权能，如摩西的手杖和亚伦发芽的杖等。约伯的意思是：神举着大能的"杖"，准备随时责打他，令他提心吊胆，连动弹都不敢动弹。如果神把杖收回，不再对他加以管制，他就可以诉说自己的冤屈，尽情咒骂神。其间约伯口无遮拦地宣泄狂风般的言语。尽管如此，他还扬言：若不是神使惊惶威吓他，他还会畅所欲言，加倍地宣泄心中的怨恨，不会像现在这样怯声怯气，吞吞吐吐。

我想大家已从中领悟到，神为什么将这些事行在约伯身上，并将其记录在《圣经》中。我们想想，约伯这样一个信神且一心向善，自以为义的人尚且如此，何况是那些压根就不认识神的外邦人呢？

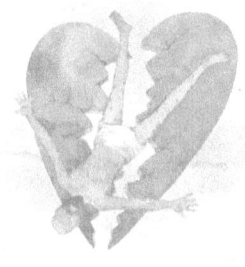

第十章

约伯内心深处的恶在显露

1. 骄傲的心

2. 约伯认为神爱恶人

3. 约伯认为神无情地追捕义人

4. 自暴自弃的约伯

我厌烦我的性命，必由着自己述说我的哀情，因心里苦恼，我要说话。（10章1节）

1. 骄傲的心

"我厌烦我的性命，必由着自己述说我的哀情，因心里苦恼，我要说话。对神说：不要定我有罪，要指示我，你为何与我争辩。"（10章1-2节）

约伯因着苦难身心疲惫，于是说"我厌烦我的性命"。起初失去儿女和财产的时候，约伯也没有埋怨过神，但是当他身患毒疮，痛苦加剧的时候，就开始向神发出怨言。约伯内心深处的恶，正通过他与朋友们的对话中淋漓尽致地呈现出来。

约伯自以为一生清白无辜，竭尽仁义之道，可是朋友们却再三指责他是罪人，他的言语如狂风，并督促他认罪悔改。这反而给约伯痛上加痛，使他更无法接受朋友们的话。

约伯的灵魂深陷难忍的愁苦和困乏之中。他曾声称自己要说的话很多，却不得不克制忍耐。可是随着痛苦加重，他现在却说要随心所欲发泄自己心里的愤恨和冤屈。我们可以看出约伯更深层次的恶正在显露。

约伯总觉得自己比别人强，这种骄傲的心态，使他始终对自己在违背真理的事实执迷不悟，朋友即使用真理之道对他进行劝勉，他也听不进去。骄傲的人，常认为自己高人一等，对别人的劝言总是不屑一顾。

约伯内心深处的恶在显露

"虽然现在我落到这般窘境，但我从前比你们富裕、学识渊博、家道兴旺，而且劝勉、帮助了许多人。可你们岂能单看我现在的处境和外表就指责我、教训我呢？我实在是不想搭理你们。"

约伯从朋友口中听了许多劝言，可他没有谦卑地领受，反而心里越发刚硬，无视朋友们，以至不肯与朋友们对话。

2. 约伯认为神爱恶人

"你手所造的，你又欺压，又藐视，却光照恶人的计谋。这事你以为美吗？你的眼岂是肉眼？你查看岂像人查看吗？你的日子岂像人的日子？你的年岁岂像人的年岁？就追问我的罪孽，寻察我的罪过吗？"（10章3-6节）

神难道会欺压、藐视自己亲手所造的吗？约伯在抱怨神亲手造了他又使他遭受试探、患难和疾病的痛苦，而且又抱怨神以"光照恶人"为善行美德。

约伯随着心态越发扭曲，贬低神的程度也越发加深。他的意思是：神将试探、患难和无尽的苦难加在他这善人身上，可见祂是喜爱恶人胜过善人，是以欺压、藐视义人为乐的神。

第4节里，约伯说神的眼不是肉眼。此话倒是没错。人以外表判断人，但神却察看人的内心。

"你是察看人内心的神，但你为什么察看我就像人用肉眼察看一样呢？朋友们只看我满身疮痍的外表说：'你有罪，你是恶人。'但你与他们不同，你是察看人肺腑心肠的神，你应该知道我是一个正直公义的、实在应该是配蒙祝福的人。"

那么，约伯说"你的年岁岂像人的年岁？就追问我的罪孽，寻察我的罪过吗？"是什么意思呢？

意思是：神啊，你是无始无终，永活的神，然而，人的生命是极其有限而短暂的。你居然把我跟你一视同仁，将这样巨大的痛苦加在我身上，这岂是合理的事呢？

"荣耀的创造主——神，怎能与这卑微无用的人同等呢？怎能将人的年岁与主的年岁相提并论，就追问我的罪孽，寻察我的罪过呢？与你的荣耀相比，人还算什么？我留在人世不过片刻，如果神你有爱，就算人真的有罪，你也应当饶恕，更何况我这无辜的人……"

约伯看似高举神，其实是用反语在讽刺神龌龊小气。

"其实，你知道我没有罪恶，并没有能救我脱离你手的。"
（10章7节）

约伯内心深处的恶在显露

一直说神如何如何坏的约伯，现在却说神知道他没有罪恶，出尔反尔，语无伦次，令人发笑。

那么约伯为什么要说这样的话呢？因为此时约伯想起自己受熬炼之前的光景。约伯在表示：神你知道那时候我没有罪，我的善行你也看在眼中。我曾用财力救济穷人，帮助孤儿寡妇，又劝勉许多人归正。甚至当你收走我全部财产和儿女的时候，我也不曾向你发怨言，反而对你感恩。

约伯无法发现自己里面的恶，因此正在回忆过去靠教养和学问修身养性时的情景。但是神却看透约伯内心深处隐藏的恶，因此允准了撒但的控告，使约伯心中的恶能够显露出来。

约伯说无人能救他脱离神的手。这话没错。无论是君王还是伟人，没有人能脱离神的手，因为人离开这世界的时候必然接受神的审判。

"行善的复活得生，作恶的复活定罪。"（约翰福音5章29节）我们必须要成为神所认可的"麦子"圣徒，才能进入天国。那些虽然出席教会，却在神看来是"稗子"的人，最终无法得救，只能进入不灭的火焚烧。

3. 约伯认为神无情地追捕义人

> "你的手创造我，造就我的四肢百体；你还要毁灭我。求你记念，制造我如抟泥一般；你还要使我归于尘土吗？你不是倒出我来好像奶，使我凝结如同奶饼吗？你以皮和肉为衣给我穿上，用骨与筋把我全体联络。你将生命和慈爱赐给我，你也眷顾保全我的心灵。"（10章8-12节）

约伯知道自己是神所造的被造物。不止人的眼睛、鼻子、嘴巴、骨头和血液是神创造的，人看不到的灵和魂也是神创造的。这里所谓"百体"包括人的灵、魂和肉体。

约伯说神既然亲手精心创造了我的百体，并赋予灵与魂，怎舍得毁灭？但他接着提出一个相反的问题。约伯认为神冤枉他，所以在这里吐露对神的不满情绪。

约伯似乎在说：如同抟泥一般，神漫不经心随意造了我。从而祂使我归于尘土，将我弃之如敝屣。祂弃我如产妇挤掉多余的奶，凝结如同奶饼。

要把土凝结在一起是很简单的事。约伯曾说神亲手造他精美，还要毁灭。但是现在却反过来说神如同抟一团泥一样随意捏成了他，从而如此轻易撤弃他。

约伯内心深处的恶在显露

母乳对初生的婴儿就像生命一样宝贵。产妇一般将婴儿吃剩的奶挤掉，否则胸部就会感到胀痛。挤出的奶不久就会走味并凝结，无法食用。约伯就是将自己比喻成这多余的奶。约伯此时全身遍布毒疮，患部反复开裂、化脓，身体被脓水所凝结，这个比喻对他还是很贴切的。

神将生命与慈爱赐给了人类。祂创造了人的灵、魂、肉，又创造了阳光、空气等所有万物，为人类创造出赖以生存并繁衍生息的环境。

约伯是个博学睿智的人。从他"你以皮和肉为衣给我穿上"的告白中我们可以看出他虽然对属灵的事认识肤浅，但他起码知道人的肉体里面有着主宰人体的心灵。

约伯还说："你也眷顾保全我的心灵。"表示他因认识神的缘故，不曾犯罪，救济孤儿和寡妇，善度人生。

> "然而你待我的这些事，早已藏在你心里，我知道你久有
> 此意。我若犯罪，你就察看我，并不赦免我的罪孽。我若
> 行恶，便有了祸；我若为义，也不敢抬头，正是满心羞愧，
> 眼见我的苦情。"（10章13-15节）

约伯所说"我若犯罪，你就察看我"这是真理，不过"并不赦免我的罪孽"却不是真理。因为神向我们应许说：东离西有多远，

祂叫我们的过犯离我们也有多远（诗篇103篇12节）。并说不再记念我们的罪愆和我们的过犯（希伯来书10章17节）。

约伯又说"我若行恶，便有了祸"这是理所当然的。约伯虽说"我若为义"但他其实心里确定自己是当之无愧的义人。意思是：我虽然是义人，但是因满心的羞愧，甚至连头也不敢抬。那么，约伯为什么会这样说呢？

遵行神的诫命、在神面前无可责备的人，就可以向神坦然无惧，凡所求的都能从神得着。约伯认为自己是仁义而良善的人，但因遭遇患难，倾家荡产、家破人亡，毒疮遍身，再加上朋友们也蔑视和凌辱他并督促他悔改，便觉得羞愧难当。

我们即使遇到这种环境，只要在神面前问心无愧，在众人面前也能坦然无愧。

"我若昂首自得，你就追捕我如狮子，又在我身上显出奇能。"（10章16节）

"昂首自得"的灵意是骄傲。当然，在这里约伯并不是在承认自己的骄傲，他是说自己稍微为自己辩护，坚持自己是对的，神就像狮子一样地追捕他。意思是：神如同饥饿难耐的狮子，追捕他这义人、善人。约伯将神比作凶猛的狮子，是误解神是残忍而恐怖的神。

约伯讲述的是自己眼前的经历。他说自己是义人，但是一旦昂首自得，即抬头与神争论、对抗的时候，神就像狮子追捕猎物一样，使他毒疮越发恶化——脓血流淌更加厉害，身体的痛苦越发加深。

当我们遵照真理而行，随从神的旨意，神就帮助我们，就算盘根错节的难题也能迎刃而解。反之，当对方发恶的时候，若与其一起对抗、争辩，以恶报恶，神就无法帮助我们。我们只要全然遵行神旨意，神必会帮助我们，使仇敌魔鬼撒但蒙羞退后。

"你重立见证攻击我，向我加增恼怒，如军兵更换着攻击我。你为何使我出母胎呢？不如我当时气绝，无人得见我。这样，就如没有我一般，一出母胎就被送入坟墓。"（10章17-19节）

这里"重立见证攻击我"的意思是：神差遣祂精练的众使者轮换着攻击约伯，使约伯成为众矢之的，神的怒火愈演愈烈。

"神啊，你为何使我出母胎呢？不如使我未出母胎就气绝而死，这样，就如没有我一般，一出母胎就被送入坟墓。你既然预定要使我承受这不堪忍受的苦难，何必赐我生命呢？"

约伯误认为是神使他从母胎中出来的。虽然神照着祂的旨意赋予人类赖以重生的生命之本——生命之种，但生与不生是全靠父母自由意志的选择。

　　神照着灵界的法则掌管人类的生死祸福。有些人遇到婚姻失败、事业倒闭、家庭不和等不幸的事，就会归咎于神，并且埋怨神。但这完全是出于人自己的过失，而不是神的作为，人千万不能犯这种妄称神名的罪。

4. 自暴自弃的约伯

　　"我的日子不是甚少吗？求你停手宽容我，叫我在往而不返之先，就是往黑暗和死荫之地以先，可以稍得畅快。那地甚是幽暗，是死荫混沌之地，那里的光好像幽暗。"

　　（10章20-22节）

　　这里"我的日子不是甚少吗？"之意是：人生不过七、八十个春秋，我还能活多久呢！

　　"神啊，我已老迈，离死也不远了，所以您不要对我这样冷酷无情，求您回心转意，使我在有生之年得享幸福的日子。我死后将要去的地方是毫无盼望的幽暗和死荫之地，趁我还活着，求您让我免受这些痛苦，停手宽容我，释放我自由。"

约伯说他死后的归宿是甚为幽暗的死荫混沌之地。约伯似乎对来世非常了解。但我们从中可以看出其实约伯对天国和地狱非常无知。

因此，约伯既没有对天国的盼望，也没有对地狱永刑的恐惧。

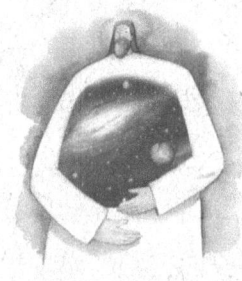

第十一章

拿玛人琐法第一次辩论
——斥责约伯的琐法

1.言语的重要性

2.琐法借着真理指责约伯

3.不要成为虚妄的人

4.远离不义顺从神道时所蒙的祝福

你考察,就能测透神吗?你岂能尽情测透全能者吗?他的智慧高于天,你还能做什么?
深于阴间,你还能知道什么?(11章7-8节)

1. 言语的重要性

拿玛人琐法回答说："这许多的言语岂不该回答吗？多嘴
多舌的人岂可称为义吗？你夸大的话，岂能使人不作声
吗？你戏笑的时候岂没有人叫你害羞吗？"（11章1-3节）

琐法指责约伯多嘴多舌，是不义之人。人一旦情绪激动就会
动怒，自然口出夸大之语，不可能说出诚实之言。

"约伯！你如此多言多语，我怎能坐视不理，闭口不言呢？自古
多嘴多舌，夸大其词的人，多有失误和过犯，怎能称他为义呢？你
自夸的言语，怎能使人不作声？你戏笑的时候，岂没有人叫你害羞
吗？"

箴言10章19节说："多言多语难免有过，禁止嘴唇是有智
慧。"就是说：多言多语的人多有过失，没有智慧。

神在箴言18章21节中也强调言语的重要性："生死在舌头的权
下，喜爱它的，必吃它所结的果子。"

我们信神的人无论遭遇任何艰难的事，也应当恒切祷告，凡
事谢恩，说肯定的告白。如果总是说"不行"、"…死了"、"真
累"等否定的话，只能使愁苦、艰难、疲乏的事越发增多。反之，无
论遇到多大的困难，只要凭信心说肯定的告白——"神啊！我相信

您必会成全我。"神就动工，给我们开启通达之路。

第3节说："你夸大的话，岂能使人不作声吗？你戏笑的时候岂没有人叫你害羞吗？"这是什么意思呢？

约伯一直宣称自己是义人、善人，并且声称自己比朋友们强，对朋友们不屑一顾。因此琐法说：听到约伯你的这般言语，我们怎能默不作声。

哥林多前书13章4节说爱是不自夸，不张狂。1章31节则说："如经上所记：'夸口的，当指着主夸口。'"

世人喜欢为自己儿女、丈夫等夸口。然而，当他们夸口的时候，听的人表面上似乎佩服有加，心里却暗暗地嫉妒。因此这种属肉的夸口，于人于己毫无益处。信主的人更应当杜绝这种自夸。

不过我们若为某种问题祷告，结果蒙神的应允，问题化解，那么我们可以为这些事夸口。因为这能给对方栽植信心与生命，并使人确信永活的真神。所以我们尽量要指着主夸口。

约伯不仅戏笑自己的朋友们，也戏笑神，说过很多亵渎神的话。当别人多嘴多舌、夸口、戏笑的时候，我们不能以同样的方式待他们，否则我们便是同流合污，跟他们没有区别。

所以，我们需要用爱心和德行去理解并包容别人。即使看见别人的短处，也要去遮掩，反而称赞其长处，给予勉励。

2. 琐法借着真理指责约伯

"你说: '我的道理纯全, 我在你眼前洁净。'惟愿神说
话, 愿他开口攻击你, 并将智慧的奥秘指示你; 他有诸般
的智识。所以当知道神追讨你, 比你罪孽该得的还少。"
(11章4-6节)

在无瑕疵、无玷污的神面前, 人岂能自称为义! 可是约伯却在
神面前主张自己是义人。朋友们听着约伯所言, 啼笑皆非。

"约伯! 你不但没有一丝悔意, 反而在神面前声称唯独你有
理, 唯独你清白。如果你没有一点罪, 神岂能认可撒但的控告, 允
准你受这么大的试炼呢? 难道真是神错了吗? "

神用话语创造了天地万物, 并赐予我们《圣经》之道。《圣
经》中蕴含着神灵界的法则, 包括开始与末了、蒙福的秘诀和救赎
的原则以及咒诅的原因等。

《圣经》中记载着神大能的奇妙和无穷无尽的智慧。神的知识
之博大精深, 靠人类的知识是根本无法测度的。

琐法知道神的能力无限, 觉得神应该将约伯的性命收回, 使他
不能再抵挡神。可是在琐法看来, 神只是任由他为所欲为, 于是琐
法劝约伯说: 如果神的气量小, 你早就死在神的手中了, 可是神开

恩让你存活到现在。现在你所遭受的灾殃，跟你的罪相比，实在是轻多了。

　　"你考察，就能测透神吗？你岂能尽情测透全能者吗？他的智慧高于天，你还能作什么？深于阴间，你还能知道什么？其量，比地长，比海宽。"（11章7-9节）

　　约伯由于没有领悟到神大能的奇妙，也不了解神的全知全能，所以胆敢埋怨神，又咒诅自己的父母。如果我们认识全知全能的神，领悟到祂大能的奇妙，即使遇到试探患难，也不会发怨言，更不会自暴自弃，反而向神呼求祷告，蒙神应允，归荣耀于神。

　　当然，说这些话的琐法其实也并不十分清楚了解神，我们认识神的程度，随着信心的增长而相应加深。圣灵参透父神深奥的心。圣灵住在我们的心里，时刻指引着我们明白神的旨意。

　　是否认识神，取决于一个人装备神道即真理的程度，神的道所起的功效，以及所持信心的大小程度。

　　琐法还说：神的智慧高于天、深于阴间。琐法认为阴间是死人永居的死阴的幽谷。所以他把阴间理解并描述成深不可测的地方。就是说：如同人不能得知天有多高、阴间有多深一样，神的智慧也是高深莫测。

他还说神的度量，即神博大的胸怀并深邃的心意，比地长、比海宽。意思是：胸怀整个宇宙空间的神，祂心意之长、阔、高、深无人能测度，可是约伯你为何对神不懂装懂。

3. 不要成为虚妄的人

"他若经过，将人拘禁，招人受审，谁能阻挡他呢？他本知道虚妄的人；人的罪孽，他虽不留意，还是无所不见。空虚的人却毫无知识，人生在世好像野驴的驹子。"（11章10-12节）

"招人受审"是神开庭审判的意思。就是说神要开庭审判，无人能阻挡。在这里"招人受审"表示神的主权。

神严格按照灵界的法则，本着公义治理和掌管着人类。当领受圣灵的神的儿女犯罪或行不义的事，神就会以允准试探、患难的方式管教他们。这都是神对儿女的慈爱的表现，是要叫人从罪中回转，进入救恩之路。

第11节里，琐法说"神本知道虚妄的人"。"虚妄"是指虚假而愚妄的样子。"虚妄的人"是指多有虚假并愚妄的人、拜偶像的人、荒谬无聊的人、不守信约的人等。

如果我们给周围人带来不守信的印象，就是说明我们在生活中常常失信于人，这样我们便是虚妄的人。那些守不住自己的心，容易变心的诡诈之人也是属于虚妄的人。等到岁月流逝，这类人必然悔叹自己过去虚度的年华。

从约伯的话中可以看出，约伯既没有梦想也没有盼望，口中只有不平和不满。他甚至盼着早日死去。于是琐法称约伯是一个虚妄的人。

约伯所受的熬炼，是将来蒙受完整的祝福的过程。然而，约伯的朋友们不明白这些，就随意论断约伯受神的审判无非是因他的恶行所导致的结果。

那么，下面探讨在世上虚妄的人和在真理里面虚妄的人有什么区别。

在世上虚妄的人，是没有梦想的人。在生命中的一切都被毁掉的状态下，自暴自弃，得过且过的人就是虚妄的人。这类人往往会口出虚假荒谬的言语。

那么，在真理里面虚妄的人是怎样的人呢？

其一是那些明知有永生，得知真生命，却依然不肯离弃世界，不肯走生命之路的人。他们明知真道，却寻求虚空的事，其结局就是灭亡。

其二是那些虽说是信神，却因曲解神的旨意而羞辱神的人。他们经常羞辱主身体的教会和主的仆人。这类人因没有遵行神的旨意而不能得救。他们因追求虚妄之事，最终必然走向灭亡（马太福音7章21节）。

其三是那些口称信神，却时常无理取闹、宣泄心中之恶的人。行恶的人都属虚妄的人。他们虽然信了神，但却难以得救。

神参透我们的内心，看顾我们如同眼中的瞳人，就是我们的头发，祂也都数过了。当约拿违抗神命，下到船底沉睡的时候，神的目光也注视着他。一个人就算在伸手不见五指的黑夜里偷盗，也照样逃不过神的眼目。

第12节说："空虚的人却毫无知识，人生在世好像野驴的驹子。"

"知识"的词义是：人们在生活实践中积累的认识和经验。这里"知识"是指属神的知识。

人若具有属神的知识，就不会成为虚妄的人。唯独没有知识的虚妄之人，才会跪拜偶像。有知识的人，能够认识生我们的父神，因此他们绝不会去叩拜死猪头或死鱼头。

如果有人叫你给活猪磕头，你能愿意吗？有知识的人是绝不会那样做的。既然知道给活猪磕头是可耻之举，何况向死猪头磕头的行为呢？这岂不是亵渎祖先吗？

有人说这是祖传的习俗，是人当尽的道理。难道祖先的错谬我们还要传承吗？难道象朝鲜李氏王朝时代的那种残忍血腥的权利之争和党派斗争我们也要去效法吗？当时盛行的那种动不动就杀头、流放的残忍行径，我们也要效法吗？错缪的，我们就应当断然摒弃，而不是持守。

野驴驹子由于没有主人的约束，就随意到处乱跑，从而不是陷入猎户的陷阱，就是被残暴的野兽所猎杀。

我们千万不能像这野驴驹子一样无拘无束，随心所欲，做没有知识的人。而当照着神灵界的法则，敬畏神，遵行神的话语，虔诚度日。

4. 远离不义顺从神道时所蒙的祝福

"你若将心安正，又向主举手。你手里若有罪孽，就当远远地除掉，也不容非义住在你帐棚之中。"（11章13-14节）

琐法劝约伯将心安正，向主举手。约伯曾说无数违背真理的话。在这里"向主举手"是在神面前降服的行为表现，即抛弃自我。

就是要将过去扭曲的心态摆正，掉转自以为正而西行的脚步，顺从神向东走。琐法在劝勉约伯要向神祈求饶恕，并远远地除掉手中所有的罪孽。

但是琐法在此为何说"手里若有罪孽"而不说"心里若有罪孽"呢？因为旧约时代是靠行为得救的时代。人用手犯许多罪，而心里的罪恶显于手中。

还有"也不容非义住在你帐棚之中"是叫人将违背真理的一切，从内心、意念、家庭、工作等所有领域中除去净尽。

琐法正在向约伯说明：当人在神面前降服、远离手里的罪孽时，将会蒙受神怎样的祝福。

> "那时，你必仰起脸来，毫无斑点；你也必坚固，无所惧怕。你必忘记你的苦楚，就是想起也如流过去的水一样。你在世的日子要比正午更明，虽有黑暗，仍像早晨。"（11章15-17节）

"那时，你必仰起脸来，毫无斑点。"的意思是：可以在神面前问心无愧、坦坦荡荡地仰脸。人之所以在神面前不能仰脸，感到惭愧，是因为人有负罪感。

约伯为何失去全部财产和儿女，身患毒疮，承受痛苦呢？这都是神因着慈爱，要使他通过试炼发现并离弃心里的罪恶，从而得蒙更为完整的祝福。

可是琐法由于不知神在约伯身上的旨意，从而随意论断约伯遇到这般窘境是因为他得罪神，违背神话语的结果。

诗篇66篇18节说："我若心里注重罪孽，主必不听。"以赛亚书59章1-3节也说："……但你们的罪孽使你们与神隔绝，你们的罪恶使他掩面不听你们……。"

琐法正在用自己从别人口中了解的真理去点醒着约伯。当我们遵守神的命令，行祂所喜悦的事，就不会因罪而惭愧，反而能够向神坦然无惧（约翰一书3章21-22节）。人之所以感到恐惧、不安和愁苦，都是因为有罪的缘故。

琐法还说："你必忘记你的苦楚。"江水流进大海，便无法挽回，因为还有新水源源不断地流下来。琐法借以表示岁月的流逝。

如果一个人曾经身患疾病或在家庭和工作上遇到了问题，但时过境迁，患难逝去，重获新生，那么他就不再因过去的苦难而继续难过。苦尽甘来，回忆过去，反倒成为一种乐趣。

琐法接着说："你在世的日子要比正午更明，虽有黑暗，仍像早晨。"这是什么意思呢？

神的道就是真理、真光。唯有这神的道，即真理之光进到我们心里的时候，我们才能认罪悔改，并离弃手里的罪孽（11章14节），才能使不义彻底离开我们的家庭、工作、事业。故此"你在世的日子要比正午更明"，是指当生命之光照亮心中，我们与世俗为友的暗昧的过去将随之逝去，换来以真理为友，明如正午的快乐生活。

"虽有黑暗，仍像早晨"的灵意是：一个接待耶稣为救主，接受真光的人，即使试探、患难及黑暗仍然残留，也仍会像早晨一样。"早晨"代表着辞旧迎新，表示迎接崭新的生活、获得崭新的盼望。

而且又意味着原本毫无盼望的人只要遇见神，就会摆脱试探患难，得到新力量，开始新的人生。

> "你因有指望，就必稳固，也必四围巡查，坦然安息。你躺卧
> 无人惊吓，且有许多人向你求恩。但恶人的眼目必要失明，
> 他们无路可逃，他们的指望就是气绝。"（11章18-20节）

"你因有指望，就必稳固"的意思是：困难化解，迎来崭新的日子，便得以稳固。如果有一个贫困潦倒的人，经过辛勤努力开了一家店铺，往后他就会在盼望中度日。有了盼望，人就能更加稳立真理之上。从属灵的角度看，"稳固"意味着用神的道装备自己，根基立在磐石上。

"也必四围巡查，坦然安息"之意是：当我们离弃手里的罪孽，从家庭、工作、事业中脱去一切不义，神必以火焰般的眼目、天军天使、圣灵的火垣保守、看顾我们，从而得到心灵的安歇，四围查看，也没有试探、患难，唯有平安相随。

我们只要活在真理里面，即根基立在信心的磐石之上，就能凡事向神交托仰望，心灵自然得到安歇。

19节说："你躺卧无人惊吓，且有许多人向你求恩。"我们只

要信心的根基立在磐石上，忧心和挂虑自然就烟消云散。磐石坚实稳固，牢不可破，灵意上指耶稣基督。

信仰生活中遇到某种困难时，我们若首先产生忧心和挂虑，就当知道我们信心的根基还没有立在磐石上。

还有"你躺卧无人惊吓"意指：当人信心的根基立在磐石上，魔鬼撒但就再也无法进行搅扰，因此不管他身处何种境地，都能无忧无虑、安然入睡。

接下来"且有许多人向你求恩"意指富富有余，德高望重，得到众人尊敬和爱戴。

接着又说："但恶人的眼目必要失明，他们无路可逃，他们的指望就是气绝。"

这里"恶人"是指不遵行真理的人。"眼目"是指属灵的眼目。

意思是：人因心地顽恶的缘故，不肯领受也不肯相信神的道，自然对真理暗昧无知。他们就是属灵的瞎子，仓皇逃跑，却找不到路。

那么，我们应该从哪里逃往何处呢？就是要从死亡沼泽中逃往生命之路、永生之路。

不是逃向试探、患难之地，而是要逃向那光明之地。然而他们灵眼已失明，无路可逃。我们若不活在真理里面，不离弃自己的罪恶，灵眼必然失明。

因此说"恶人的指望就是气绝"。恶人不肯悔改，仍旧行恶，到时必然精疲力尽，气绝而亡，即落入地狱。

第十二章

伤感情的约伯

1. 约伯冷嘲热讽地反驳朋友们的话

2. 约伯误解神祝福恶人

3. 约伯在"高举"神的全能

4. 约伯真正想说的话

凡活物的生命和人类的气息都在他手中。（12章10节）

1. 约伯冷嘲热讽地反驳朋友们的话

"约伯回答说: '你们真是子民哪! 你们死亡, 智慧也就灭没了。但我也有聪明, 与你们一样, 并非不及你们。你们所说的, 谁不知道呢? '" (12章1-3节)

在前面一章我们看到琐法指责约伯, 可在12章却看到约伯在反驳朋友们。他们彼此争辩, 各执己见, 互不相让。

读约伯记的时候我们应该站在约伯和朋友们各自的立场, 去思考他们的心态, 借以发现自己。不能只把它视为约伯和他朋友们的故事, 认为事不关己, 聊以笑谈。而是要从中发现自己心里也有像约伯一样的心态、约伯朋友们一样的心态, 并要悔改归正, 才能像约伯一样, 蒙神赐福。

约伯的朋友们见多识广, 足智多谋, 但是约伯却不肯领受他们的话。约伯觉得朋友们所言可笑至极, 且因他们自以为是, 对他数落教训, 便气得肠子打结, 满心不快。

约伯一直对朋友们向着他指手划脚感到不满, 便以讥讽的口气对朋友说: "你们说的都对, 是我错了, 你们真是子民哪! 我连人都不是。可你们死了, 智慧不也就照样灭没了。"

那么, 这里约伯说 "你们真是子民哪" 的话中之意是什么呢?

大家有没有这种经历? 就是在与人辩论, 主张自己的观点时, 觉得无力说服对方或毫无胜算, 伤心沮丧之余只得说: "好, 算你说得对。"以此结束争论。因为觉得跟对方已经没有任何共同语言，就与其终止对话。约伯正是处在这种状态。

约伯认为朋友们是在卖弄自己的学问和智慧，教训他、藐视他，所以心中极不痛快，便对朋友们讥讽说："你们果真有那么多智慧吗？你们死亡，智慧不也照样灭没了吗？"

前面提到朋友说约伯的话像狂风一样。狂风毫不留情地摧毁房屋、树木、人等一切物质。说话像狂风一样的约伯难以保持安静。如果他真正承认朋友是对的，就应当保持沉默，好好反省，可他却继续反驳朋友的话。

约伯说"但我也有聪明，与你们一样，并非不及你们"的意思是：我与你们一样，智慧、聪明样样都有，我哪个地方不如你们？你们说的那些道理我岂能不明白吗？

"我这求告神，蒙他应允的人，竟成了朋友所讥笑的；公义完全人，竟受了人的讥笑。安逸的人心里藐视灾祸，这灾祸常常等待滑脚的人。强盗的帐棚兴旺，惹神的人稳固，神多将财物送到他们手中。"（12章4-6节）

在这里约伯为什么将神的名也牵涉进去呢？其实我们有时也犯同样的错误，当辩论到白热化的时候，出现争竞，甚至动血气，此时冷不丁就把第三者给牵扯进去。

神明明教导我们不要与人争辩，但人们却不顺从，甚至在辩论的过程中，引用别人的话或神言，作为自己取胜的砝码。比如："我们牧师如何说、某个执事如何说、神如何如何教导我们说……"他们激烈与人争论，以至面红耳赤，借口说："神在《圣经》中是如此说的。"

在与人争辩的时候最好不要引用神言，因为我们与人争辩是违背真理的行为，故此争辩时引用神言，是不会有任何说服力的。

第4节里，约伯说"我这求告神，蒙他应允的人"这并不是他本人与神直接交通之意。约伯对神的认识是缘于先祖的训诲。他从先祖的口中得知有一位全能的神，所以每当得罪神的时候他就向神献上燔祭，也代自己的儿女们献上了燔祭。

所以，约伯说"我这求告神，蒙他应允的人"指的是他向神献燔祭的事。约伯是在悲叹自己的处境，他认为自己是公义完全的人，又经常向神献上燔祭，可现在却沦为周围人的笑谈，不但受妻子的轻视，还受朋友们的讥笑、藐视和凌辱。我们应该知道约伯的这番话是不合乎真理的。

一个用心灵和诚实拜神，且与神交通的人，岂能成为别人讥笑的对象呢？自古诚心诚意侍奉神的先知、古人都得到了周围人的称许和爱戴，并没有受人讥笑。一个爱神又蒙神爱的人，即使是外邦人也会对他敬仰有加。

在摩西面前，即使是埃及王法老也低头折服。当以色列百姓埋怨摩西的时候，神也作他坚固的保障。

当然，一个真正完全正直的人，虽然会因成就神旨意的缘故受恶人的逼迫，但那逼迫的人不能从心底里讥笑他。他绝不可能成为他人讥笑的对象。

接着约伯又说："安逸的人心里藐视灾祸，这灾祸常常等待滑脚的人。"

集知识、名誉、权势、财富于一身的人，心中安逸，因此看到他人遇到灾难也觉得事不关己，漠不关心。

在约伯看来，如今自己是不慎滑脚而遭殃，朋友们却是无忧无虑地过安逸的日子。"安逸的人心里藐视灾祸"意思是约伯指责安逸的朋友们是在藐视灾祸中的自己。

约伯还说："这灾祸常常等待滑脚的人"约伯自己就是滑脚之人，如今陷在灾祸当中。约伯所言之意就是：我是个完全正直的人，灾祸却等待我滑脚的时候。约伯显然是在误解真理。

至此，我们了解到约伯朋友们所言虽然不全是真理，但其中相当多的部分是属于真理。约伯如果谦卑领受并顺从那些劝言，灾祸应该早已退去。可惜朋友们再怎么用真理劝说，约伯还是依然主张自己的观点，无视朋友们的话，因而只能继续在灾祸中受痛苦。

2. 约伯误解神祝福恶人

"强盗的帐棚兴旺，惹神的人稳固，神多将财物送到他们
手中。"（12章6节）

不懂真理的外邦人说："善人多灾多难，恶人兴旺通达。"

然而，神是公义的，祂爱义人和善人，而不会去爱恶人，更不
会使恶人兴旺通达。

这里约伯在断定神是坏神。所以他说："强盗的帐棚兴旺，惹
神的人稳固。"可见他在抱怨神多将祝福与平安赐于恶人，将灾祸
降于像他这样的义人。当然，约伯并非一开始就如此发恶，而是随
着负面情绪积累，心态越发扭曲，便造成了这样的结果。

这类信徒在我们周围屡见不鲜。他们起初也口称爱神，且被
圣灵充满，努力从善。但后来觉得祷告没有应验，就开始停止祷
告，当听到周围人的劝言或训言时，因为听不进，就在不经意间说
出神不喜悦的话。

这样的人应当赶紧悔改归正，使自己脱离仇敌魔鬼撒但的辖
制，不然将会发展到无法控制自己的意念，情绪爆发的地步。

到时，想悔改也不能，以至像约伯一样口出违背真理的话，如
同狂风一样无可阻挡。如果这样继续伤神的心，会注定因神不保
守，使灾祸临身。

或许有人会问："牧师，难道您不知道现今的世道，强盗、骗子兴旺通达，不义之人腰缠万贯吗？"

但要知道：讨饭的拉撒路因敬畏神的缘故进入了天国，而财主却落入了地狱。做一辈子的乞丐，遵行神的道，死后进入天国，也强如有生之日做财主，暂时享受罪中之乐，死后下入地狱。

一个人若通过欺诈行骗等非法手段聚敛财富，岂能心安理得！他必会时常忧心挂虑，心不得安宁。如果其恶过甚，在世的日子里，灾祸将忽然临到他身上

3. 约伯在"高举"神的全能

"你且问走兽，走兽必指教你，又问空中的飞鸟，飞鸟必告诉你；或与地说话，地必指教你，海中的鱼也必向你说明。看这一切，谁不知道是耶和华的手作成的呢？"（12章7-9）

神以大能彰显其神性，创造了天地万物。所以在末日审判的时候，没有人可以推诿说：我没有信神是因为不曾认识神。因为神的永能和神性在祂所造的万物中明明可见（罗马书1章20节）。

我们单单观察各种动物也可以知道神的存在。在弱肉强食的动物世界里，按常理来说应该弱小无力的动物早就灭绝了。然而，

现实却恰恰相反。因为越是强壮的猛兽，它的繁殖率相对越是比较低，反之弱势动物繁殖率则相对比较高。因此弱势动物的数量繁多，随处可见。

大家可以问一问空中的麻雀："麻雀，告诉我你是怎样在空中自由飞翔的？"我们也可以想想小小的蜉蝣又是怎样在空中飞来飞去的呢？随着人类文明的发达，人类虽然造出了飞机，但其内部充斥着繁多的零部件，况且一旦燃料耗尽就不能飞行。

人类连一只蜉蝣也造不出来，麻雀或蜉蝣身上到底有怎样的装置，使它们能够自由翱翔蓝天。我们可以从中感受到神的永能和神性，并能确信神的存在。

约伯是在承认这般神的大能。如果有人问苍蝇："你为何能在空中飞翔？"苍蝇如果能回答，就会说："因为神造我，并赐我飞翔的功能。"

如果你不能相信神，就问问你脚下的土地：

"地啊！你是凭什么能力使种子发芽，开花，结果？为何能从地里开采出金子、煤炭、石油？"如果土地能够回答，就会说："是神赋予了我那些能力。"

还有，在海里生存的许多鱼类中，像鲨鱼或鲸鱼一样的鱼类，虽然其体重超大，但也能在海里轻松游来游去。科学技术再发达，人类也不能像鱼一样在水里生存。这一切都是永活的真神照祂自己的旨意，将能力赋予万物，使得万物各显其能。

"凡活物的生命和人类的气息都在他手中。耳朵岂不试验言语，正如上膛尝食物吗？年老的有智慧，寿高的有知识。在神有智慧和能力，他有谋略和知识。他拆毁的，就不能再建造，他捆住人，便不得开释；"（12章10-14节）

约伯说"凡活物的生命和人类的气息都在他手中。"这里"活物"是指包括植物和动物在内的一切有生命之物。"生命"和"气息"分别指人和动物生命之本——魂和灵。人类是以灵、魂、肉所构成的，而动物则没有灵，只有魂和体。"魂"是思想的能力。"灵"是能够悟出事物本质和道理的能力。约伯是在说这一切尽都是出乎神的旨意。

人的口中有舌头，品味食物；人的耳朵具有听觉能力，能以辨别各种声音。"年老的有智慧"之意是：人随着年龄的增长，通过人生的经历，在一定程度上智慧增多。

在这里"年老"意味着历经漫长的人生岁月；"寿高的"是指健康长寿之人。"有知识"是指明白事理。也就是说：人通过人生经历，积累丰富的经验，具备分辨事理的能力，并以此牢固打造自我。

"谋略"是指谋事的方略，即人为成就某种事而所谋之计策方略。约伯在这里说："在神有智慧和能力，他有谋略和知识。"这段话约伯所讲都没有错

4. 约伯真正想说的话

但接着约伯把他真正想说的话说了出来，这时约伯的真面目开始显露。

14节说："他拆毁的，就不能再建造，他捆住人，便不得开释；"这是什么意思呢？

神决不拆毁、捆住任何人。只是人破坏灵界法则时，神只好对他掩面不顾，仇敌魔鬼撒但就趁机给他带来疾病、患难和痛苦。

即使人犯罪跌倒，只要他悔改归正，神就使他重新站立。彼得曾三次不认主，但并没有打内心里不认，因此当他认罪痛悔时，得到了神的饶恕，并且得以重生，成为一名权能的使徒。

> "他把水留住，水便枯干，他再发出水来，水就翻地。在他
> 有能力和智慧，被诱惑的与诱惑人的都是属他。他把谋士
> 剥衣掳去，又使审判官变成愚人。"（12章15-17节）

约伯知道神曾使约旦河水停流的事件。约伯是说：神能使河水停流枯干，就像当年使约但河水枯干，使以色列百姓走干地过约旦河一样。

"他再发出水来，水就翻地。"是描述大洪水引发的山体滑坡、泥石流等地被大水掀翻的场景。约伯的意思是：神是可怕的神。祂毁坏的无人能重建；祂叫人受迷惑，也叫人去诱惑人。被诱

惑的和诱惑人的都属神，我约伯这完全正直的义人受人藐视、讥笑和凌辱也都是因着神。

约伯是在说：朋友们，神本来如此，你们难道不知道吗？你们既然听了我这番解释，总该分清谁好谁坏吧！神岂不是坏神吗？如果你们真有聪明，必会做出正确的判断。

在这里约伯的居心渐渐显露。他为了使朋友们认识到神的"不义"，就顺着扭曲的情绪，曾一度尊神为大，但现在又开始贬低神。

那么"他把谋士剥衣掳去"的意思是什么呢？

"谋事"意指谋划事情。做"谋士"要有丰富的知识和智慧。《三国志》中的诸葛孔明就是一位足智多谋的人。

约伯从古人先知的口中了解到有关以色列的历史。只要神废掉智慧，就算是一个谋士以高深的谋略并用周密的计划侵略以色列，也将一败涂地，剥衣掳去。约伯也听过敌军即便动用数十万兵力入侵以色列，只要神打乱其阵脚，敌军就乱成一片，自相残杀，瞬间败亡的历史事件。

总意就是：即便谋士出谋划策，若神废掉其智慧，便只能被掳成阶下囚。

约伯还主张说："（神）又使审判官变成愚人。" 对于审判官来说，公正的审判就是生命，但约伯却在此说：神使审判官作出愚拙的判决。

那么，在这里约伯真正想说的话是什么呢？

约伯是在误导朋友们说：因为神不公义，所以连像他这样公义、良善的人，祂也要扔进苦海。约伯用这些比喻，告诉朋友们其实神就是愚拙的审判官，因为神使审判官作出愚拙的判决。

> "他放松君王的绑，又用带子捆他们的腰。他把祭司剥衣掳去，又使有能的人倾败。他废去忠信人的讲论，又夺去老人的聪明。他使君王蒙羞被辱，放松有力之人的腰带。他将深奥的事从黑暗中彰显，使死荫显为光明。"（12章18-22节）

"他放松君王的绑，又用带子捆他们的腰。"意指废掉君王的权势。神若废掉君王的权势，他只能束手就擒。

例如：当君王被叛军或敌军夺去权势，被掳走的时候，有时双手与腰一同被绑缚，从而动弹不得。

而且，约伯也曾听闻那些良善、忠义的大祭司被俘或遭杀戮的历史事件，也曾看过有权有势的人一夜之间身败名裂，倾家荡产。约伯正在用比喻说这一切都是神的所为。

第20节里"他废去忠信人的讲论"是什么意思呢？

在约伯看来，扫罗尽管在神面前忠信，但却照样被神弃绝。然而事实上，神并不是"废去忠信人讲论"的神。

神命扫罗将所有亚玛力人和牲畜以及他们所有的灭绝净尽。然而扫罗却没有顺从，反将亚玛力王和肥美的牲畜擒了来。当撒母耳问其究竟时，扫罗却狡辩说是为了向神献祭。从人意的角度看，扫罗的行为看似正当，然而，神命扫罗灭尽一切，是有属灵含义的，扫罗最终却动用人意，悖逆神的命令。

约伯还说神"夺去老人的聪明"。神岂能喜悦夺去老年人聪明呢？神不但不夺去老年人的聪明，反而希望老年人身体健康，知识和智慧增多。

人随着年纪老迈，记忆力减退或分辨力减弱。约伯主张这一切都是神所造成的，其实这一切都是人类肉体生命的自然规律。

那么，"他使君王蒙羞被辱，放松有力之人的腰带"是什么意思呢？

君王是统治者。神绝不是使君王蒙羞被辱的神。这里"腰带"有着象征意义。

例如：头上的发绺就是参孙的"腰带"。当参孙的发绺被人剪掉后，他的神力尽失，便被人侮辱讥诮。

那么，约伯强有力的"腰带"是什么呢？

就是他用来教导人的知识、聪明以及富贵。

意思是：神放松了约伯这有力之人的腰带。约伯之所以没有直接指着自己说，乃是因为他知道这样作必遭朋友矢口反驳，便婉转地用比喻陈述自己的观点，表示神的作为一向如此，是祂放松我约伯的腰带。

那么，第22节里"他将深奥的事从黑暗中彰显"是什么意思呢？

"黑暗中"是指隐蔽的状态。约伯对神的认识是一种朦胧的状态，只是从古人口中略知一二而已。

约伯是在对神懵懂无知的状态下，尽力信神并顺从神。他认为神所预定的深奥之事如今显明，使他陷入这残酷的试探患难中。他正在恨恨地评判神是独断专行的神。

这里又说"使死荫显为光明"。这表示约伯向来活在光明的世界，死亡却瞬间向他扑来；向来活在光明中的他，现在却被摆在死地。

那么，神从黑暗中显明我们什么深奥的事呢？这是神显明我们隐藏在黑暗中的罪。

好叫我们发现并离弃在黑暗中隐藏的罪，使我们的生命得到更新和变化。神不会将死亡带进光明中，反而在黑暗里注入生命，照亮黑暗。

我们认识神之前是在黑暗世界中生活。只因神从上头用真光照耀我们，我们便得以打开心门，将神光明之道接在心中，走出黑暗，来到了光明的世界，得到真生命，走进永生之路。对如此信实的神，约伯却做出了完全相反的评价。

> "他使邦国兴旺而又毁灭，他使邦国开广而又掳去。他将
> 地上民中首领的聪明夺去，使他们在荒废无路之地漂流。
> 他们无光，在黑暗中摸索，又使他们东倒西歪，像醉酒的
> 人一样。"（12章23-25节）

"他使邦国兴旺而又毁灭，他使邦国开广而又掳去。"我们
从《圣经》上所记载的历史事件，可以清楚地看到这一现象。

起初以色列百姓进入迦南地的时候，他们的力量很微弱，但是
到了大卫王时代转而变得国富民强，甚至接受周边国家的朝贡。

然而，如此强大的以色列，因着拜偶像，一夜之间百姓被掳，
国家覆灭。曾经叱咤世界的罗马帝国也是瞬间倾覆；在第二次世界
大战中欲要征服世界的德国、日本、意大利也瞬间败落。

一个国家的兴衰或者独裁者的出现，这些都不是神所策划和
安排的。然而，约伯说凡事都是出于神的独断预定和安排。若是果
真如此，神在审判之日就无法施行审判，因为下地狱的人会与神争
辩说："神啊，当初您不把我造为恶人，我岂能犯罪呢？"那时，神
还能说什么呢？

我们不能做这样愚蠢的人。有人事业倒闭，不承认是由于自己
经营无方，却反过来抱怨神使他倒闭。

最后查考"他将地上民中首领的聪明夺去，使他们在荒废无路之地漂流。他们无光，在黑暗中摸索，又使他们东倒西歪，像醉酒的人一样。"

要做民中的首领，必须要有聪明才智，思路敏捷、深谋远虑、做事精明，一丝不苟。首领失去聪明，便是丧失了当首领的资格。

约伯是在用比喻倾诉自己的处境，说：神夺去了我的聪明，使我不能再做众人的师傅，反成为一个一文不值的废人。故我只好在黑暗中，即死荫的幽谷中漂流彷徨。神令我像醉汉一样东倒西歪。

约伯先前看似承认神的全能，言之凿凿，可现在张口就出错谬的言语。醉酒的人走路东倒西歪，自己却不以为然。因为他觉得自己是在准确走向目的地。

所以，当旁人对一个醉汉说："你为什么喝那么多酒？走直一点！"他会回答说："我没醉，我这不是走的很直吗？怎么老说我走路东倒西歪呢？"

约伯就像走路东倒西歪的人，当朋友们说"你是罪人，是恶人"时，他就反驳说："我不是罪人，我是公义而良善的人，你们才是恶人。若不是神，我就不会落到这个地步。"

就这样，约伯甚至用醉汉的比喻，把神说成是预定的神、独断专行的坏神。

第十三章

与神争辩的约伯

这一切我眼都见过，我耳都听过，而且明白。你们所知道的，我也知道，并非不及你们。
我真要对全能者说话，我愿与神理论。（13章1-3节）

1. 约伯的傲慢

"这一切我眼都见过，我耳都听过，而且明白。你们所知道的，我也知道，并非不及你们。我真要对全能者说话，我愿与神理论。"（13章1-3节）

"这一切我眼都见过，我耳都听过，而且明白。" 约伯说他不仅知道朋友们所说的话，而且自己曾说过的话也都记得一清二楚。这是什么意思呢？

假如有人对正当遭受试探患难的人用神的真理加以劝勉和指点。然而对方不但不领受，还回答说："哼！这些我都知道，也早有所闻，亲眼所见。《圣经》我也读了几十遍，了如指掌。"便可知此人心有多么傲慢，现在约伯的回答就是反映出这种心态。

"你们所知道的我也知道，并不比你们差。我不想搭理你们，你们的话已令我厌烦。我要跟全能的神说话，我要与祂辩论。"

约伯说自己比朋友们优越。约伯的朋友们是因为爱约伯，所以想方设法点醒约伯，使他能够在神面前回转归正。

然而约伯却不肯听取朋友们的劝勉，反而越发偏离真理。因为朋友们的劝勉不是出于完全的爱，而是出于负面情绪，于是约伯不肯信任他的朋友们。不过，谨守遵行神话语的人听到真理的劝勉时，就会以"阿们"来诚恳地领受。

2. 出尔反尔的诡诈的心

约伯曾说：他向神呼求，神也不答应（5章1节）；即使神听他的呼吁，应允他，他也不信神真听他的声音（9章16节）。又曾说过"我怎敢与神辩论"（9章14-16节），可他现在却说要与神辩论。

这是由于约伯不知道自己的心而信口开河，是约伯出尔反尔的诡诈之心的表露。

我们周围也常见记不住自己说过的话的人。要么是由于对方说了假话，要么是忘了自己说过的话。当然也有自己听错的情况。

我们无论说什么话，都要由心里发出，而不应当随着意念说话。随意说话的人记不住自己所说过的话。并且随意说话的人，连昨日说的话也不能履行，因为压根就记不住。反而一口咬定，死不承认，甚至赖在别人身上，以致发生争执。这样的事屡见不鲜。

我们当以诚实和正直为本，不负责任的话一概不要说，对所说的话一定要负责到底。从这儿可以看出约伯越发变得刚硬。一个内心诚实、有不改变的心志而完全的人是不会如此的。

> "你们是编造谎言的，都是无用的医生。惟愿你们全然不作声，这就算为你们的智慧。"（13章4-5节）

约伯非常了解自己朋友们的为人，他们常说谎，不诚实。于是不肯听取朋友们的话。

约翰一书1章6节说："我们若说是与神相交，却仍在黑暗里行，就是说谎话，不行真理了。"就是说：一个口称信神，却仍犯罪，在黑暗中行的人，神就称其为说谎话的人。

约伯不但把朋友们的劝勉当作耳边风，而且还藐视他们，甚至说他们是荒谬而无用的人。因为约伯认为朋友们素来言行不一，都是假冒为善的人。

约伯反过来劝责朋友们要全然不作声。人多言多语，多有过失，显得轻浮虚伪，难以得到周围人的信任。

综上所述，约伯智慧超群，学识出众，修养非凡，谁敢当面指点他并破碎他呢？神若不对约伯允准受毒疮之苦，他便很难被神折服归正。

在此，大家可以换个立场查验自己的心。比如当你陷入试探，落入窘境时，如果周围有人用神真理之道加以劝勉，你会持有什么心态呢？是用"阿们"领受，还是因自尊心受到伤害而藐视对方呢？

假设有一位张执事正当遇到困难时，有人用真理来对他进行劝勉。如果张执事听着这劝勉，觉得此人很可恶，心中就会说："你既然不如我，还用这种话规劝我……"，那么他就应该醒悟自己有多恶。不管是出自谁的口，只要说的是真理，我们都当谦卑地领受，这才是有福气的人。

3. 分诉的心

"请你们听我的辩论，留心听我口中的分诉。你们要为神说不义的话吗？为他说诡诈的言语吗？你们要为神徇情吗？要为他争论吗？他查出你们来，这岂是好吗？人欺哄人，你们也要照样欺哄他吗？"（13章6-9节）

"辩论"是指见解不同的人彼此阐述理由，辩驳争论是非。提摩太后书2章23节说："惟有那愚拙无学问的辩论，总要弃绝，因为知道这等事是起争竞的。"

神告诫我们不可辩论，可是约伯反而胆敢声称要与神辩论，而且还叫人听他口中的分诉。

"分诉"是辩解之意，是指对受人指责的某种见解或行为加以解释。约伯在辩解自己的清白无辜。约伯说要与人辩论，进行分诉，然而这显然是违背真理的不合宜的心态。

从真理的角度看，往往理亏的人倒极力与人辩论，辩护自己。活在真理中的人，即使受到他人的诬告和非难，也会一心仰望审判人的神，恒久忍耐，依旧遵行神的道。他们不会为自己进行辩护、分诉或辩论，只将一切交托那行事公义的神。

耶稣无论面对多大的冤屈，也向神祷告交托，并没有为自己分诉或辩论。

接着约伯继续纠问道："你们要为神说不义的话吗？为他说诡诈的言语吗？"诡诈包含着用奸猾的手段蒙骗他人之意。

约伯是在说："你们自己不行真理，反倒来指责我不义，这何尝不是谎言呢？你们凭什么资格为神说人的不义呢？你们岂不是在用奸猾的言语欺哄神吗？岂不知你们的肺腑心肠神早已看透吗？"

"你们要为神徇情吗？要为他争论吗？"意思是："你们既然满口谎言，假冒为善，却还要代替神，用神的道与我争论吗？岂不知神看透你们的内心吗？你们欺哄人，岂能骗得过鉴察你们肺腑心肠的神呢？"

约伯继续抓住朋友们的弱点对他们进行冷嘲热讽，以便掐断他们的话，堵住他们的口。约伯在挑弟兄眼中的刺，却不知自己眼中有梁木。

4. 约伯把真理当成世俗的箴言和谚语

"你们若暗中徇情，他必要责备你们。他的尊荣，岂不叫你们惧怕吗？他的惊吓，岂不临到你们吗？你们以为可记念的箴言，是炉灰的箴言；你们以为可靠的坚垒，是淤泥的坚垒。你们不要作声，任凭我吧！让我说话，无论如何我都承当。"（13章10-13节）

约伯说：你们应当摒弃假冒为善，以诚实谦逊的态度仰望神。如果你们以谦卑的心向神屈膝，必能听见祂的声音。你们自身行为不正，怎敢这样指责我？你们如果能屈膝仰望神，便能听到祂责备你们的声音。

这句话何尝不是也在对照我们，我们若心里高傲，就无法听到神的声音。

约伯知道神何等尊贵、可畏、大有威严。然而在约伯的心目中神不是慈爱的神，而是一位独断预定的神。这种对神的错误的认识，使他对神心存恐惧。

约伯又说："你们以为可记念的箴言，是炉灰的箴言；你们以为可靠的坚垒，是淤泥的坚垒。"约伯的朋友们想方设法用神的道去点醒约伯，可是约伯却没有把朋友们的话当作真理来领受，而只是当成可借鉴的世俗的箴言或谚语，便难以醒悟自己的罪，更无法得到更新和变化。

至此，约伯和朋友们一直彼此辩论和攻击，互不相让。约伯攻击，朋友们就防守；朋友们攻击，约伯就一边防守，一边还击。

约伯说："你们说的根本不是神的话，只不过是处世格言而已，你们能奈我何？你们与其说三道四，枉费口舌，不如默然倾听我说话，无论后果如何我都承当。"

石砌的城垒坚不可摧，而用淤泥建造的土垒则不堪一击。约伯断定朋友们的防守不过是不堪一击的土垒。人一旦心里骄傲，神的道便听不进耳，也会将神的话当成口号性的谚语，或好听的格言。

人若像约伯一样心里骄傲，即使再三用神的道点醒或责备，他也不会把那些话当作神的话语来领受，而只当作人的格言或谚语。

5. 约伯分诉自己没有错

"我何必把我的肉挂在牙上，将我的命放在手中？他必杀我，我虽无指望，然而我在他面前还要辩明我所行的。这要成为我的拯救，因为不虔诚的人不得到他面前。"（13章14-16节）

约伯开始为自己分诉：有谁会用牙齿咬自己的肉自讨苦吃？岂有无缘无故寻死的愚人？这里"将我的命放在手中"表示自寻短见。

约伯说：我岂能故意自讨苦吃呢？岂能轻视自己的生命？我尽管无辜，神也要寻索我的性命，故我毫无盼望。我要在神面前辩明我所行一切，即在神面前讨回公道，证明我自己的清白。

"不虔诚的人不得到他面前"是指：狡诈而偏离正道的人不得到神面前，即不得救恩。约伯表示：我是义人，而非不虔诚之人，所以在神面前配得拯救。约伯坚持主张自己有理。

> "你们要细听我的言语，使我所辩论的入你们的耳中。我已陈明我的案，知道自己有义。有谁与我争论，我就情愿缄默不言，气绝而亡。"（13章17-19节）

约伯叫朋友们倾听他的陈词，醒悟自己的过错。18节说："我已陈明我的案"。那么，约伯其间到底都陈明些什么呢？

他一直陈明：我是义人，未曾犯罪，也未曾行恶。若有什么事，我就在神面前献上燔祭，免得自己有瑕疵、玷污，并且敬畏神，积德行善，广行施舍，事奉他人。

约伯之所以说"知道自己有义"，第一是因为约伯觉得自己行事公义，未曾故意作恶；第二是因为约伯对照自己的行为，觉得做义人当之无愧，便自称义人。

在19节里，约伯在反问：谁能与我如此这般的义人辩论？有谁比我更公义，配与我辩论？若是有，我就情愿缄默不言，气绝而亡，意即情愿在那人面前俯伏称臣。

约伯因自以为不曾行恶，所以觉得自己无罪。约伯曾以为被打还手，被骂还口不算罪。可是神的教导如何呢？

马太福音5章39-42节说："只是我告诉你们：不要与恶人作对。有人打你的右脸，连左脸也转过来由他打；有人想要告你，要拿你的里衣，连外衣也由他拿去；有人强逼你走一里路，你就同他走二里；有求你的，就给他；有向你借贷的，不可推辞。"

约伯的朋友们并没有向约伯索要外衣，也没有强逼他走一里路。他们只是为约伯着想，用神的话语开导他。可是约伯不但没有做到"被人打右脸，就把左脸转过来由他打"，反而变本加厉报复还击。

> "惟有两件，不要向我施行，我就不躲开你的面，就是把你的手缩回，远离我身，又不使你的惊惶威吓我。这样，你呼叫，我就回答，或是让我说话，你回答我。"（13章20-22节）

与神争辩的约伯

约伯左看右看也找不到比自己更胜一筹的人可以与自己辩论，于是他要与神理论，只是因惧怕神的缘故，还不敢毫无保留地宣泄想说的话。所以他求神不要向他施行两件事，好让他畅所欲言与神理论。

约伯是说：我要跟神理论，要说的实在太多。只要主将手缩回，不再击打我，只要主不威吓我令我惊慌，我就尽情与神辩论。

那么，约伯为何惧怕神呢？

是由于他自己错误的观点。约伯自称为义，对真理认识有误，便认为神是可怕的神。所以约伯表示：只要神不威吓我使我恐惧，这样，神呼叫，我就回答，主有话说，可以回答我。

"我的罪孽和罪过有多少呢？求你叫我知道我的过犯与罪愆。你为何掩面，拿我当仇敌呢？你要惊动被风吹的叶子吗？要追赶枯干的碎秸吗？"（13章23-25节）

"我的罪孽和罪过有多少呢？求你叫我知道我的过犯与罪愆。"此话会让人产生错觉，认为约伯是在想要认清自己的罪。可事实上是在向神祷告，宣泄怨言。

其实这是在向神表示抗议："我无论如何也查不出自己有什么罪过或错误，可是你为何如此降罚于我？"

24节里，约伯抗议说：你为何向我掩面，拿我当作你的仇敌？

然而，神并没有掩面，反而以火焰般的眼目时刻察看约伯，约伯所说的每一句话祂都听见；神从没有向约伯掩面，也从没有把约伯当作仇敌。神是爱，祂爱世间所有的人。

约伯的朋友们一致劝勉约伯认错悔改，但约伯一句话也不领受，反而主张自己是义人，惟独他对，反过来非难和谴责对方。

那么，我们通过希伯来书12章1-8节内容，查考神是怎样的一位神。

"我们既有这许多的见证人，如同云彩围着我们，就当放下各样的重担，脱去容易缠累我们的罪，存心忍耐，奔那摆在我们前头的路程，仰望为我们信心创始成终的耶稣(或作"仰望那将真道创始成终的耶稣")。祂因那摆在前面的喜乐，就轻看羞辱，忍受了十字架的苦难，……。你们与罪恶相争，还没有抵挡到流血的地步。你们又忘了那劝你们如同劝儿子的话，说：'……。'管教原是众子所共受的，你们若不受管教，就是私子，不是儿子了。"

如果我们背负许多沉重的包袱走路，将会汗流浃背，吃力而艰难？然而，比起肩上的包袱更为沉重的就是罪的缠累。人犯了罪，便会痛苦忧伤，自然口中发泄心里的苦闷，进而犯下更多的罪；本应该承认自己心中有恶，并且认罪悔改，可却反而口出恶言，宣泄心中的恶；借口说自己不得已而为之，自然口出谎言，罪孽越发深重，以至被罪所捆绑，无法自行摆脱。

因此，无论遇到什么问题，我们都要忍耐，并且仰赖耶稣。耶稣受尽来自受造之人类的蔑视、凌辱、讥诮并毒打。祂因那摆在前面的喜乐，就轻看羞辱，忍受了十字架的苦难。因祂知道因着背负十字架，祂将坐在神宝座的右边，并知道因祂一人的义行，救恩便将临到天下万民。

我们应当对耶稣直到走完这条苦难之路所付出的忍耐和宽恕进行深思，并要铭刻在心版上。身为神的儿女理当与罪相争，抵挡到流血的地步，以至将罪离弃净尽，但因没有如此行，即没有信而顺从神的话语——该遵行的不遵行，该离弃的不离弃，该做的不做，不让做的倒去做，神的管教便临到其身上。

儿女悖逆，父母就会予以责备和管教，同样，神看到自己的儿女犯罪，也会鞭打管教，若不受神的管教，便是私子，不是儿子了。

第25节里，约伯认为自己是离开生命的人，便把自己比作失落的叶子、无用的枯碎稭。落在风中的叶子，孤单、凄凉、毫无希望；枯干的碎稭则一无所用，连作柴火也不成。

约伯顺着扭曲的心态，为了彻底将神贬低，就说出这番话。此时的约伯正处在生死两难的境地，他毫无气力、毫无希望，不过如同一片落叶。他说：我已是枯干的碎稭，一无所用，神却仍对我穷追不舍，折磨苦待。

6. 约伯误解神追讨他儿时的罪而降灾于他

"你按罪状刑罚我，又使我担当幼年的罪孽。也把我的脚
上了木狗，并窥察我一切的道路，为我的脚掌划定界限。
我已经像灭绝的烂物，像虫蛀的衣裳。"（13章26-28节）

"你按罪状刑罚我，又使我担当幼年的罪孽。"约伯是在从幼
年时期开始回忆自己的过去。

意思是：神从他幼年时期开始一一记录他的罪状。

约伯无论怎么追寻往事，也找不到自己身上任何过错。作为一
家之长、父亲、丈夫，他诚然尽忠，当之无愧；还广行施舍，走义人
的道路。就这样，约伯因一贯认为自己成年的时候行事为人公义虔
诚，所以很难从自己身上发现错误。

当然，他在不懂事的幼年时期难免与朋友争吵、打骂。约伯是
说：神竟然连在他缺少判断力的幼年时期所犯的罪都追讨，并且
依此对他施以管教。约伯把神贬低成龌龊小气的神。

当我们接受耶稣作个人的救主时，神就赦免我们一切的罪过；
当我们认罪悔改，改邪归正的时候，神就不再记念追讨我们过去的
罪，并用主的宝血洗净我们。但我们若不悔改归正，依旧不离开罪
恶，便仍旧是个罪人。

约伯说"（神）把我的脚上了木狗"是什么意思呢？

把人的脚上了木狗，人就无法动弹，被限制，失去自由。这里，"两脚上了木狗"意指"生命的木狗"。约伯说：我因被神禁锢，便落入了求生不得，求死不能，毫无自由的境地；神甚至连在我尚无判断力的儿时所犯的罪都加以追讨，就给我上了木狗，使我的生命被禁锢束缚。

并且他还抗议说：神为我的脚掌划定了界限，如同灭绝的烂物、虫蛀的衣裳，使我变成毫无用处的存在。显然，这不是正确的想法。真理绝不是捆绑我们的锁链，反而是黑暗中的一盏指路明灯，引我们走上蒙福的道路。

我们若遵行真理，住在神里面，真理便充满于心，真理也必叫我们得以自由（约翰福音8章31-32节）。虽然我们在世的日子里暂且进窄门，走窄路，但只要我们在真理里面得以自由，心中便会充满对天国的盼望，从而度过喜乐和感恩的信仰生活，因为我们确信：神必照我们所行的回报于我们。

第十四章

肉与灵的差别
——凡事归罪于神

1. 论人生之虚空

2. 约伯声称神随心所欲预定一切

3. 约伯想用比喻点醒神

4. 尽管追忆蒙神爱的往事……

但知身上疼痛，心中悲哀。（14章22节）

1. 论人生之虚空

"人为妇人所生，日子短少，多有患难。出来如花，又被割
下；飞去如影，不能存留。"（14章1-2节）

在前一章，约伯在神面前一直不停地抱怨、哀叹和生气，口出
负面的话。然而他说这是因神威吓他，使他恐惧的缘故，只好将一
些想要说的话咽在肚子里。

现在他把抱怨的矛头指向妇人。在本文里，约伯说藐视女人
的话。旧约时代，妇女的地位卑贱，受人歧视。她们往往被当作男
人的奴仆，对男人唯命是从。

当然，神不会对男人和女人区别相待。据创世记的记载：罪是
因着女人进入世界，人类从而走向灭亡之路。神喜悦人刚强壮胆，
反而极其厌恶出尔反尔的改变的心、诡诈的心。总的来说，女人多
半心里懦弱、诡诈。虽因人而异，但大体而言，男人的心志较比女
人正直，而且不善于改变。

神在旧约时代选召那些心里没有改变和诡诈的女人作祂的先
知，并托付她们重要的使命。如底波拉等心里刚强、正直的女中豪
杰，蒙神拣选作了神的先知；在新约时代，神也拣选童贞女马利亚
等女人成就祂的事。

约伯因轻视妇女，便说"人为妇人所生，日子短少。"意思是

说：我出身于如同男人的奴隶、没有自由的可怜的女人，因此我的人生也只能沦为毫无价值的人生。

我们人生莫过于七八十个春秋，超过一百岁已属罕见。约伯说：人为妇人所生，日子短少，多有患难，而且出来如花，不久就凋零枯萎；飞去如影，不能存留。他是在述说人生的虚空和短暂。

传道书12章13-14节说："这些事都已听见了，总意就是敬畏神，谨守他的诫命，这是人所当尽的本分（或作"这是众人的本分"）。因为人所作的事，连一切隐藏的事，无论是善是恶，神都必审问。"

《圣经》中提到，不敬畏神，不遵行祂话语的人，与兽无异（传道书3章18节）。且说我们所作的事，连一切隐藏的事，无论是善是恶，祂都必审问。不敬畏神，不遵行神话语的人，即便他腰缠万贯，名誉、权势、智慧集于一身，也都是虚空又虚空（传道书1章）。因为"罪的工价乃是死"，其结局就是落入地狱，就是永死。

传道书的记录者，因明白这一属灵意义，便说：人在日光之下的一切劳碌，毫无益处，都是虚空。但要知道，约伯述说人生的虚空，并非出于明白其中的灵意。

约伯的话，从字面上的意义看似乎正确，但从属灵的角度看，却是不对。照约伯所说：人生莫过于七八十个春秋，日子短少。可是从灵里说：信神，并且遵行祂旨意的人，必然获得永恒的生命，在天国永世远享福乐。当然，那些不信神的人则要落入地狱，永受刑罚。

约伯还说人生多有患难。这是约伯因现今的患难，就全盘否定自己过去的岁月。约伯回想往事，有过很多幸福的时刻，但因现今的苦难，就将过往的岁月也一并否定。

"人生多有患难"，此话对持有信仰的人而言，是不合宜的。领受圣灵的神的儿女，只要遵行神的话语，就能出入蒙福。即使在患难中也能喜乐，因为有天国的指望。过了一天就意味着得见新郎——主耶稣的日子相对挨近；殷勤做主工，便能相应成就神的国和神的义，因此能够常常喜乐，凡事谢恩。

我们不能像一朵鲜花，绽放一时，就衰残凋谢，而应当常被圣灵充满，灵魂兴盛，一天新似一天；渐渐脱去非真理，即"肉体"，从属肉的人日趋变成属灵的人。

2. 约伯声称神随心所欲预定一切

"这样的人你岂睁眼看他吗？又叫我来受审吗？谁能使洁净之物出于污秽之中呢？无论谁也不能！人的日子既然限定，他的月数在你那里，你也派定他的界限，使他不能越过；便求你转眼不看他，使他得歇息，直等他象雇工人完毕他的日子。"（14章3-6节）

约伯现在的处境何等凄凉！他一直陈述自己人生之虚无缥缈。在本文中他与神理论说：难道对如此这般没有价值的人，你也睁眼察看，并且审判他。

约伯说的没错，神真是时刻注目察看他的一举一动。但他说神审问他，是不对的。神并没有叫他来受审，乃是他自找的。

神注目察看人，是出于慈爱。是为了拯救我们，并为了使我们转离罪恶的道路，成为圣洁而蒙爱的儿女。

约伯对神的认识只是来源于祖传的典故，并不知道神就是爱。

在第4节中，约伯问："谁能使洁净之物出于污秽之中呢？"并自行断定说："无论谁也不能。"约伯自问又自行断言，从中可以窥见他骄傲的心态。再说此论是并不成立的。

在神无所不能。我们接受耶稣基督之前是黑暗之子，在污秽中生活。然而神叫我们因信耶稣基督而领受所赐的圣灵，得以脱去污秽，成为圣洁的儿女。约伯开口否定这样的神，并且否定信心的功效。

第5节说："人的日子既然限定，他的月数在你那里……。"约伯是在对神表示抗议：凡事神都限定，我受这般的苦难也是神所预定和安排的。

约伯从古人的口中了解神。约伯认为神带领以色列百姓出埃及到了红海岸边，祂又差遣法老王去追杀他们，又使红海分开，使以色列百姓走干地过红海；祂又把他们引导到玛拉，使玛拉的苦水变甜。如此，在他看来凡事都是出于神的预定——祂愿意拯救谁就拯救谁；愿意击杀谁就击杀谁；愿意饶恕谁就饶恕谁，随心所欲。

"神啊！我是个软弱的人，是低贱之妇女所生，你应当宽恕我，叫我能够得以安歇。使我结束如同雇工般毫无自由、惟命是从的人生。"

然而，神并没有待人如同雇工。神赋予人类自由意志，人可以照着自己的意志去选择自己的人生。雇工没有自由，他们要照主人的吩咐为主人效力，并且是按劳得工价的。

约伯认为神随心所欲，独断专行，想击打约伯就击打；想收取他的儿女就收取；想毁掉他的财产就毁掉，祂还随意用毒疮惩治他……。

我们若误解神，也会像约伯那样自己做错了还归罪于神，于是无法发现自己的错误。无论试探来临，还是遇到苦难，都必有原因。只要用真理对照，必能发现自己在神面前行事不正。

约伯误认为神是预定的神，这便是他的问题所在，但他有一颗纯朴而正直的心，愿意遵行神的道。因此，当神透过熬炼，使他醒悟自己的过错时，约伯立刻转离罪恶，走进永生的道路，得以在喜乐和盼望中度日。

3. 约伯想用比喻点醒神

"树若被砍下，还可指望发芽，嫩枝生长不息，其根虽然衰老在地里，干也死在土中；及至得了水气，还要发芽，又长枝条，象新栽的树一样。但人死亡而消灭，他气绝，竟在何处呢？"（14章7-10节）

约伯向神抱怨、哀叹、多方辩解，却仍无济于事，毫无回应，就有些沮丧。这下他又拿妇女和树木的比喻，胆敢"点醒"神。

这里约伯为何说树有指望呢？

因为树被砍下，还能重新发芽。

"其根衰老在地里"意味着树根在地里经久会自然衰老。有的树种，外表看似干死在土中，但树干被埋在土中，得着湿气便又可以发芽，长出枝叶，重现茂盛。

第10节里，约伯说"人死亡而消灭"，这是错误的认识。按肉体而言，人死了就归于一把尘土。"人气绝"之意是：人所具有的一切力量全都归为无有。即名誉、权势等，人在世之日所成就的一切事，都将随着死亡归为无有。人一旦气绝，便从这个世界中消亡。

约伯的话是错误的。信神而得救的人虽然死了，也必复活。在主从空中降临的时候，他们要从死里复活，变成灵性的身体，被提到空中。因此，信神的人去世，不叫"死了"，而叫"睡了"（约翰福音11章11节；哥林多前书15章18节）。因为其肉身虽归于尘土，但灵魂却永不消灭，与复活的灵性的身体相结合，得享永生。

耶稣时代的法利赛人相信人有灵魂。也相信信神的人死了，就会进入天堂。反之，撒都该派的人却认为人类没有灵，人死了就会消亡于这世界。约伯所持有的就是这种类似于撒督该人的思想。

> "海中的水绝尽，江河消散干涸。人也是如此，躺下不再起来，等到天没有了，仍不得复醒，也不得从睡中唤醒。惟愿你把我藏在阴间，存于隐密处，等你的忿怒过去；愿你为我定了日期记念我。"（14章11-13节）

海中的水虽然蒸发上升，但还会变成雨水重新降下来。海中的水是不会绝尽的。如果海水绝尽，溪水和河流也必然干涸。约伯学识渊博，智慧超群，自然明白海水不会绝尽的道理。约伯是在说明海水绝尽，江河必然干涸的基本规律。

他还说：人躺下死了不再起来。此话显然是不正确的。《圣经》记载：敬畏神的讨饭的拉撒路，死后进入了亚伯拉罕的怀里。人死了不是不能再起来，乃是从死里复活，得享永生。

那么"等到天没有了，仍不得复醒"是什么意思呢？

启示录记载：主的审判结束后，先前的天地不再有了，出现一个新天新地。然而，约伯此话并非因预知这些而言的。

面对不可扭转的局面，人们会说：就算天地改变了，这事也不会改变。约伯说"等到天没有了，仍不得复醒，"也是类似的表达形式，意思是：人死了，永不能复醒，也永不得从睡中唤醒，若是天没有了这或许还有可能，但天是永远长存的。人死了便一了百了。

约伯实际上是在说天昔在永在。天消失是不可能的，照样，人死而复活也是绝对不可能的事。

接着查考第13节的话："惟愿你把我藏在阴间，存于隐密处，等你的忿怒过去；愿你为我定了日期记念我。"

约伯认为阴间是死人永远安睡的地方。约伯在求神将他藏在虚无的阴间。可想而知约伯的痛苦何等之大。

约伯以为神因他不懂事的幼年时期所犯的罪而发起烈怒，将他推向痛苦的深渊。他想：虽然神独断专行毁掉我的一切，但总有一天神会息怒，再次记念垂顾我。在人世间偶而也有彼此仇恨，但等到岁月流逝后，化仇为亲的事。

约伯求神说："虽然是死路，但求你把我藏在阴间，归为空无，使我摆脱这痛苦和折磨，但要为我定日期，等到主的怒火止息，就记念我这可怜的约伯。"因为神若不记念他，他就会永远死亡，不得生还，便是彻底倒霉透顶了。

那么，约伯到底叫神怎样记念他呢？

约伯说："树被砍下，仍旧不死，还能生长不息。可我这约伯却是出身可怜——是毫无价值的妇人所生，再加上遭遇患难，以致倾家荡产，家破人亡，已是可怜至极，毫无盼望，求神怜悯我，哪怕到了最后也要记念我，使我重新活过来。"

4. 尽管追忆蒙神爱的往事……

"人若死了岂能再活呢？我只要在我一切争战的日子，等我被释放的时候来到（"被释放"或作"改变"）。你呼叫，我便回答；你手所作的，你必羡慕。但如今你数点我的脚步，岂不窥察我的罪过吗？我的过犯被你封在囊中，也缝严了我的罪孽。"（14章14-17节）

在此，约伯改换论调。他刚才还求神说即便我死了进入阴间，也要记念我，使我再活。可现在却说人死了就不能再活。他说：

"我只要在我一切争战的日子，等我被释放的时候来到。"此话怎讲呢？

意思是：如同树被砍掉也能再活，如果人能死而复活，我约伯再苦再难，也不会这样埋怨神，反而能忍受苦痛，胜过试炼。也就是说我若能死而再活，就可以忍受一切，然而结果并非如此，人死了便一了百了，故我不必忍耐等候，也不必抑制我的不满情绪。

我们当查验自己是否存有像约伯一样的心，若有就应当把那些非真理的情绪破除净尽。约伯是旧约时代的人，故没有领受圣灵，但我们这些作神儿女的是领受了，我们有圣灵的帮助，可以靠着得胜，便不能重蹈约伯的覆辙。

约伯从前时常依靠神。他因为怕儿女们有过犯，所以常献燔祭于神。约伯虽然常献燔祭，但从未遇见过神，也未曾听过神的声音。甚至现在他在苦难中寻求神，神也没有向他回应，更没有向他显现。

约伯是说："回想往事，我向神献祭的时候，主你不曾呼叫我吗？如果你照旧呼叫我，我必向你回答。"约伯向神陈述自己以往辉煌的经历，力图借以说服神。

他是说："从前我富贵、学问、健康等集于一身，以善行美德令人心服口服。然而，那一切富贵荣华，都是神所赐的，我想，那时神对我爱宠有加。"此时，他的语气并不肯定、果断。

第16节里，约伯说："但如今你数点我的脚步，岂不窥察我的罪过吗？"意思是说今非昔比，神的心变了，倒是追溯他的足迹，追讨他儿时所犯的罪，以至收取他的子女，使他深陷痛苦的泥潭。

"神啊！你曾经爱我，使我富足有余。你以慈爱和羡慕的目光看着我。故此，你呼叫：'约伯！'我便回答。然而到了如今，你却无情地抛弃我，其原因到底何在？现在为何又变本加厉待我如同罪大恶极的罪人。"

17节说："我的过犯被你封在囊中，也缝严了我的罪孽。"这是什么意思呢？

将过犯封在囊中，便显不出来；罪孽被缝严也会如此。这表示神数点约伯的脚步还不够，甚至待他如重罪之人。约伯说这话表明他的痛苦极大极深。

"山崩变为无有，磐石挪开原处。水流消磨石头，所流溢的，洗去地上的尘土；你也照样灭绝人的指望。"（14章18-19节）

山崩会导致山的形状不复存在，岩石也会滚离原地。如果火山爆发，山顶不见了，整个地区也都会被岩浆所覆盖，呈现一片荒凉景象。

那么，约伯为何说这样的比喻呢？

约伯在这里把自己比喻成高山和坚固的磐石。从前他名誉、权势、富贵如高山显赫。然而神将这座高山毁掉，他就成为无用的山，无用的岩石。

第19节说："水流消磨石头，所流溢的，洗去地上的尘土；你也照样灭绝人的指望。"石头经过长久岁月的水流冲刷，就会被消磨光滑。一滴水虽力量微薄，但能"滴水穿石"，即水滴千百年，就能把岩石磨透。

可是约伯这里说"所流溢的，洗去地上的尘土。"尘土乃为细小的灰土，肉眼不易看清。既然说不大的水流能消磨石头，为何说流溢的水洗去地上的尘土呢？博学的约伯为何要说如此前言不搭后语的话呢？

这里的"水"指的是神的崇高。约伯是在讽刺大而无比，至高无上的神竟然践踏并扫灭他这微如灰尘的人。

"神啊！在你击打我之前，我身强力壮如石如铁。我富足有余，家庭和睦，幸福美满，然而神的崇高使我这稳如高山，坚如磐石的身体和财产以及幸福美满的家庭逐一毁灭，如同水流消磨石头一样。如同洪流将尘土冲刷干净，神动用至高的权柄彻底扫灭我这微如尘土的人，使我落到这般悲惨的境地，绝了一切的盼望。"

约伯误解神灭绝人的指望。但其实是神给人指望。祂愿意赐人幸福，也切愿众人蒙祂赐福，灵魂兴盛，凡事兴盛，身体健壮。

> "你攻击人常常得胜，使他去世；你改变他的容貌，叫他往而不回。他儿子得尊荣，他也不知道；降为卑，他也不觉得，但知身上疼痛，心中悲哀。"（14章20-22节）

倘若五岁的孩子和二十五岁的青年之间发生争执，按理谁该让谁呢？五岁的孩子即便咒骂和攻击，二十五岁的青年也不应该与其对打。不然便是可耻之举。小孩岂能是大人的对手！大人理当让小孩，或者避开他。

约伯说神有至大的权柄，而我连灰尘都不如，神却对我穷追不舍，攻击我，胜了又要胜。"你攻击人常常得胜，使他去世"之意是：大有权柄的神为了彻底折服他，就收取他的财产，毁掉他的健康和平安，最终要使他离开人世，下入阴间。

"你改变他的容貌，叫他往而不回"是指其间约伯的面容青一块紫一块，继而苍白如纸，后又枯黄如蜡。

那么，第21节说"他儿子得尊荣，他也不知道"是什么意思呢？

此话之意是："我过去富足而尊贵。我因相信这一切都是神的祝福，所以向神常献感恩的祭。可如今神使我落到这般连灰尘都不如的卑贱的境地，过去的尊荣对我有何益处？过去的幸福，神都收走了，记念它对我有何意义？因此我不必对神感恩。"

约伯又说他降为卑，他自己也不觉得。约伯不承认自己处于卑贱，反而自称为义、博学智深，从而藐视朋友们，不屑听他们的劝言，甚至与神争辩。约伯应当醒悟自己的卑贱，才能悔改归正。然而约伯却对自己的卑贱执迷不悟，反而振振有词，说他以前是德高望重的人，可如今神把他摆在如此悲惨的境地，故他不是卑贱的人。

大家现在处境如何呢？就算处于卑贱，也不要灰心绝望，反要用真理对照自己，认清自己目前的光景，方能找到问题的解决方法。如果经济、家庭、事业上存在问题或困难，其中必有原因。只有找出其原因，并且悔改归正，才能蒙神赐福。如果像约伯那样，不省察自己，凡事归罪于别人，这样的人是没有发展前途的。

到了22节，约伯回到现实中看自己。他虽不觉得自己卑贱，但实际上他的身体正在溃烂、疼痛，心中悲哀苦闷。

约伯将这一切的遭遇，全都归罪于神，因此不得醒悟，也无法认罪悔改。

第十五章

提幔人以利法的第二次辩论

他不得出离黑暗，火焰要将他的枝子烧干，因神口中的气，他要灭亡
（"灭亡"原文作"走去"）。（15章30节）

1. 不要辩论

"提幔人以利法回答说:'智慧人岂可用虚空的知识回答,
用东风充满肚腹呢? 他岂可用无益的话和无济于事的言语
理论呢?'"(15章1-3节)

约伯的朋友们从前认为约伯是个智慧人,可是现在听他之言,
却无非是个愚妄人。因为智慧的人不会用虚空的知识回答。

正如以利法所说:风从东边吹来,人既抱不住,也装不下。约
伯不停地说虚空的话,与朋友们争辩,如同捕风,于己无济于事,
于人毫无益处。

以利法的话是对的。然而,以利法的责备,目前对约伯起不到
任何作用。因为约伯由于朋友们的缘故,负面情绪越发加深。

当人抱有情绪,心理扭曲的时候,无论对他讲什么善言,都将
无济于事,反会火上浇油,适得其反,因此保持沉默是最明智的选
择。

"你是废弃敬畏的意,在神面前阻止敬虔的心。你的罪孽
指教你的口,你选用诡诈人的舌头。你自己的口定你有罪,
并非是我; 你自己的嘴见证你的不是。"(15章4-6节)

从前,约伯富有的时候,敬畏神,时常向神献上燔祭。然而,

现在他反倒埋怨神，贬低神。其实对此约伯的朋友们也有一定的责任。因为朋友们跟他辩论，给约伯抗拒神提供了动机。

以利法说："你自己的口定你有罪"，意即约伯你自夸是义人，但你口里所出的话却证明你是恶人、罪人。

那么，以利法为何说约伯是诡诈的人呢？

过去约伯的内心并不诡诈。正如约伯记1章所说的，他是一个完全正直的人。单看约伯口中的言语，以利法的话没错，但人很多时候言不由衷，心口不一。此时约伯显得诡诈，是由于不明白真理，而非因内心诡诈。

以利法指着约伯说："你自己的口定你有罪，并非是我；你自己的嘴见证你的不是。"争吵的人也是如此。他们起初彼此谈论一些话题，继而由不同观点产生辩论，辩论激化，甚至发展到互相谩骂。双方各执己见，互不相让，各有各的理，但旁观者清，在第三者眼里双方都是恶的。

辩论会使人跌倒，心里痛苦，恼羞成怒，犯罪作恶。因此，辩论对人有害无益，不过是浮词空言而已，只会使对方情绪激化，发恶更甚。总之，辩论会使对方变恶，引发对方犯罪。

2. 讥讽和藐视的心

> "你岂是头一个被生的人吗？你受造在诸山之先吗？你曾听见神的密旨吗？你还将智慧独自得尽吗？你知道什么是我们不知道的呢？你明白什么是我们不明白的呢？"（15章7-9节）

亚当是人类的始祖，是"头生"的。以利法反讥讽约伯不是头一个被生的。神六日创造天地万物，并且创造了人。诸山所造于人受造之先。约伯的朋友明知道这个道理，便质问嘲讽约伯。

人不能听见神的密旨，约伯更不能将智慧独自得尽。这是以利法针对约伯的挖苦和讽刺。

那么，约伯的朋友们心态为何如此扭曲呢？

原因是约伯目中无人，对朋友们不屑一顾，声称朋友们根本不是他的对手，于是他要与神进行辩论。然而，朋友们听到约伯对神辩论的言辞极其荒谬，对约伯的反感情绪便越发高涨，他们看不惯约伯唯我独尊的傲气，以至于到了斥责约伯的地步。

以利法说："约伯！你所知道的我们也知道；你所明白的我们也都明白。"

我们应当从中吸取教训：辩论只能招致撒但的亵渎和试探患难。因为我知道，对方也明白，所以相互辩论。因微不足道的事所产生的辩论，也会导致严重后果。在辩论的过程中，双方的情绪会越发高涨，以至脾气发作，互相谩骂。

神教导我们"服侍人的是大的"；"不要为恶所胜，乃要以善胜恶"。为了战胜对方，维护自尊心，就与别人闹矛盾，甚至结仇，这对人有何益处呢？

耶稣虽然大有能力，但祂从未与人辩论。当对方不肯领受真理，反而拿石头要打祂的时候，祂就躲藏（约翰福音8章59节）。祂从不争竞，也不喧嚷（马太福音12章19-20节）。我们应当效法耶稣的这般品性。

"我们这里有白发的和年纪老迈的，比你父亲还老。神用温和的话安慰你，你以为太小吗？"（15章10-11节）

以利法是在讲述约伯朋友们的相貌和状况。忘年之交，在世上并不罕见。即双方尽管年龄相差很大，只要彼此志同道合，学识相等，敬佩有加，经过常年交往便也能成为知心的朋友。在约伯的朋友当中也有比约伯的父亲年纪还要大的老者。以利法谴责约伯目中无人，轻慢他们。

迄今，约伯的朋友们"用神的心肠"，援引神的道去教训约伯："我们用神的道安慰你，你竟然抗拒我们，这岂不是你居心高傲，藐视我们吗？"

约伯的朋友们虽用神的道去劝勉和安慰约伯，可却反而使他恼羞成怒，以致使他发恶更甚，继续犯罪。

由此我们应当知道，约伯朋友们的错误比约伯还大。在约伯记进入尾声的时候，神更严厉地责备约伯的朋友们，并且因约伯为他们的罪代求，才肯赦免他们。

我们应当切记：如果一个弟兄因着我动怒了，那么比起那个动怒的弟兄，促使他动怒的我，罪就更大。

　　"你的心为何将你逼去？你的眼为何冒出火星？使你的灵

　　反对神，也任你的口发这言语。"（15章12-13节）

以利法负面情绪高涨到了极限，与约伯展开激烈的争辩。他谴责约伯反对神，藐视朋友们。

"心将人逼去，眼冒火星"之意是：辩论的双方各执己见，自然引发互相抵触的负面情绪，进而火气翻腾，血液循环加快，以致面红耳赤，甚至眼珠子都变红。人发怒的时候，不仅眼球布满血丝，而且眼里发出凶光。

辩论过激，甚至还会出现痉挛，全身颤抖。如果到这一地步，人便难以操控自己的心，口中不会出真实的言语。约伯和他的那些朋友，就是已经到了这个地步。

此时以利法虽然提到"灵"，但他并不知道"灵"的实意。他用神真理之道点醒约伯，约伯却不屑一顾，他便认为约伯是在反对神。他说约伯反对神的言辞并非空谈，乃是发自他心灵深处的。人即便无意中说出不真实的话，也是谎言。因为人口中的言语，都是由心发出的。

人醉酒，语无伦次，胡言乱语，甚至谩骂攻击别人，对此，人们常说：怪酒不怪人。殊不知，人的醉中之言也都是由心发出的，都是他平时憋在心中的不良情绪，借着酒劲宣泄出来的结果。

人随从心里所存的诚实，就说出诚实的话。在真理里面为人正直的，必然心口如一，言行一致。

3. 情绪高涨的以利法

"人是什么，竟算为洁净呢？妇人所生的是什么，竟算为义呢？"（15章14节）

《圣经》上出现洁净的人。摩西先知是谦和胜过世上的众人，在神的全家尽忠的人（民数记12章3-7节）。

司提反执事也是其中之一。当司提反执事见证神道的时候，众恶人齐心拥上前去，乱石击杀司提反。

"他们正用石头打的时候，司提反呼吁主说：'求主耶稣接收我的灵魂！'又跪下大声喊着说：'主啊！不要将这罪归于他们！'

说了这话，就睡了……。"（使徒行传7章59-60节）

司提反执事虽然无辜地被石头打死，但却祷告说："主啊！不要将这罪归于他们！"可见他的心何等清洁无瑕！

可是以利法为何说人不能算为洁净呢？

是因为以己度人。以利法知道自己的内心不洁净。不但他自己心里邪恶、污秽，在他看来周围也没有一个洁净的人，因此他就断定别人都是不洁净的。

而且，以利法因为轻视女人，所以说妇人所生的没有一个义人。此话，无论从肉体上看，还是从属灵的角度上看，都是不正确的。

例如：李舜臣将军（朝鲜1545.5.5～1598.11.19）一生精忠报国，孝敬父母，友爱兄弟。他虽然无辜受人陷害，罢官免职，也不埋怨国王，反而甘心布衣从军，为国为民，为父老兄弟，献出了自己宝贵的生命。

这样的人岂不称他为义！妇人所生的人当中，义者大有人在。

这在灵里也相仿。我们敞开心门，接受耶稣基督为个人的救主，就能领受所赐的圣灵。领受了圣灵，我们里面因罪而死的灵便得以重活。

罗马书10章10节说："因为人心里相信，就可以称义；口里承认，就可以得救。"真正从心里信神的人，必将各样的恶事除去净尽，与罪相争，抵挡到流血的地步。我们除去非真理，活出神的道，自然口中的告白诚实无伪，被神得称为义。

此时，以利法情绪高涨，到了无法克制的地步，于是口出谬妄之言。

有人说："人岂能全守神的诫命，岂能成圣？"然而，在神没有难成的事。祂有足够的能力更新我们的心灵。

我们爱神，遵行祂的诫命，活出祂的真道，最终必然心里成圣。我们只要领受圣灵，并且领受所赐的能力，必能全守诫命，终能成为圣洁的人。

摩西先知作埃及王子的时候，脾气急躁，以致将人打死，但他历经40年的熬炼之后，变成了一个"谦和胜过世上众人"的人。

使徒保罗也曾是一个脾气急躁的人，但他自从遇见主以后，经过熬炼，变成了良善而温柔的爱的使徒，最终得着公义的冠冕。性情暴躁如雷的约翰和兄弟雅各，后来也变成了爱的使徒。

"神不信靠他的众圣者，在他眼前天也不洁净；何况那污秽可憎、喝罪孽如水的世人呢？"（15章15-16节）

"圣洁"是指丝毫无恶而良善公义。神其实是信靠祂的圣者的。祂既然说"你们要圣洁，因为我是圣洁的。"岂能不信靠成圣之人呢？人一旦情绪高涨，就会说如此前言不搭后语、混乱逻辑的话。

以利法说：在神眼前天也不洁净，此话是错误的。神既然创造天地万物之后欢欣喜悦，怎会看天为不洁净呢？

以利法旁敲侧击说约伯是个污秽、可憎、喝罪孽如水的人。这里"污秽"是指一切违背做人的道义而呈现的行为。情绪翻腾的以利法，正在咒骂约伯。

约伯自以为自己未曾犯罪，行事为人公义虔诚，可朋友们不仅不安慰他，反而斥责谩骂他这满身疮痍的人，约伯此时的心情会如何呢？

约伯并非内心顽恶，他也不是朋友们所谓的那种污秽可憎的人。

朋友们因为约伯不认同他们的说法而发怒贬低谩骂约伯，致使约伯的负面情绪便越发高涨。

那么导致这一后果的原因是什么呢？那就是因为辩论。彼此之间情绪激化，会口出妄言，更甚者还会咒诅对方。

4. 以利法援引古人之言点醒约伯

"我指示你，你要听！我要述说所看见的，就是智慧人从列祖所受、传说而不隐瞒的。"（15章17-18节）

意思是："约伯！你既然不听我们之言，我就用从列祖所传下来的古人之言点醒你，你要侧耳倾听。"

　　其间，以利法动用自己全部的知识试图说服约伯，约伯却把它当作耳边风。于是他又用古人之言点醒约伯。那些古人之言是通过智慧人所传下来的。

　　"(这地惟独赐给他们，并没有外人从他们中间经过。)恶人一生之日劬劳痛苦，强暴人一生的年数也是如此。惊吓的声音常在他耳中，在平安时抢夺的必临到他那里。他不信自己能从黑暗中转回；他被刀剑等候。"（15章19-22节）

　　以色列地是神赐给祂自己的选民之地。约珥书3章17节说："你们就知道我是耶和华你们的神，且又住在锡安我的圣山。那时，耶路撒冷必成为圣，外邦人不再从其中经过。"此话的灵意是：神的儿女应当顺从神，活出神的道，不要与世俗为友，随从非真理，作恶犯罪，否则必然遭到撒但的亵渎，难免遭遇试探患难。

　　那么，"恶人一生之日劬劳痛苦，强暴人一生的年数也是如此。"是什么意思呢？

　　现在以利法责备约伯是恶人，是强暴人。有人说"恶人不得恶报，反而荣华富贵"，然而恶人的最终结局必然是灭亡。

　　诗篇1篇6节说："因为耶和华知道义人的道路，恶人的道路却必灭亡。"还有，箴言24章19-20节说："不要为作恶的心怀不平，也不要嫉妒恶人，因为恶人终不得善报，恶人的灯，也必熄灭。"《圣经》还说人所做的事，无论善恶，神都必审问（传道书12章14节），因此我们不要羡慕恶人的通达。

第20节说的"强暴人"是指粗暴而凶悍的人。《圣经》中明确记载神怎样对付恶人和强暴人。以利法的意思是：约伯是恶人，是强暴人，因此神已经判定怎样处治约伯。

第21节说："惊吓的声音常在他耳中"。约伯的耳中的确传来许多惊吓的声音。传来了财产被毁的声音；儿女夭折的声音；还有妻子、亲属等众叛亲离之声；毒疮临身的唉哼之声。约伯陆续听到惊吓的声音。

过去约伯何等通达和平安！但好景不长，试探患难突然临到他，就只有惊吓的声音接踵而至，所有的一切瞬间都被摧毁。约伯陷入极度的患难当中，希望渺茫，毫无出路。

第22节说："他不信自己能从黑暗中转回；他被刀剑等候。"此话怎讲呢？

刀剑是用来切割东西的。"被刀剑等候"之意是：约伯受到众人的讥诮、蔑视和凌辱，感到心如刀绞，痛苦至极。就是说：他因为被刀剑等候，所以无法期望能从黑暗中转回。

"约伯！因为你是恶人，是强暴人，所以起初看似平安，但因受神的咒诅，落到被刀剑等候的地步，无人搭救，你就别指望摆脱这试探和患难。恶人和强暴人注定灭亡，故此你所要面对的只有人们对你的讥诮和咒诅。"

约伯认为自己一生为人公义虔诚，但以利法却残酷无情地咒骂他是个恶人、强暴人，约伯便情绪翻腾，激愤难耐。

"他漂流在外求食，说：'哪里有食物呢？'他知道黑暗的
日子在他手边预备好了。急难困苦叫他害怕，而且胜了他，
好象君王预备上阵一样。他伸手攻击神，以骄傲攻击全能
者，"（15章23-25节）

按肉体看，约伯已经彻底败落，注定以乞讨为生，居无定所，流离彷徨。以利法的意思是：你因不得脱离黑暗权势，便只能漂流在外，讨饭谋生，最终你必说："东山再起已是毫无希望，我已彻底完了！"并且在痛苦的泥潭中越陷越深。

约伯在急难和困苦中惧怕神。他曾说他有好多话要对神说。但由于惧怕神的缘故，不敢畅所欲言。备战数年的君王，就能轻而易举地打败对手。以利法说约伯陷入患难和痛苦之中的原因就是因他"伸手攻击神"。在约伯的朋友们看来，约伯一直向天举手，与神对抗。

例如：人发生争吵时，往往会互相指手画脚，打口水战。以利

法说：约伯遭殃是因为他居心高傲，不顺从神言，背叛全能者的缘故。

我们断不可像以利法那样论断别人。约伯的朋友们单凭约伯口中的言语，对约伯加以论断定罪，把他说成是邪恶、强暴、高傲的人。然而，约伯无法认同他们的话，因为约伯的内心并非如此。

约伯因朋友们不了解他的为人，而且与自己心不相投，意不相合，便无视他们，声称要与神进行辩论。

"挺着颈项，用盾牌的厚凸面向全能者直闯；是因他的脸蒙上脂油，腰积成肥肉。他曾住在荒凉城邑，无人居住将成乱堆的房屋。"（15章26-28节）

"挺着颈项"是指人居心高傲。"用盾牌的厚凸面向全能者直闯"是指继续对神不顺从。这些都是指着约伯而言的。"脸蒙上脂油，腰积成肥肉"是指资财丰盛。意思是：约伯变得骄傲，是由于富有所致。

所罗门王变富有了之后就拜偶像，离开神。以色列百姓虔诚侍奉神的时候，太平盛世，国泰民安。然而当他们物质丰盛，平安稳妥的时候，倒去拜偶像，背叛神。神就转脸不顾他们，咒诅便临到他们身上，他们屡遭外族侵略，百姓被房，沦为奴隶。

一个国家没落，城邑就变为荒凉，无人居住，野兽栖息，人们到处漂流，寻找食物，有的进入山里避难，住在岩洞里，在山坡上耕作。

以利法说约伯就是这样的人。约伯处境极其悲惨，他失去了所有的儿女和一切财产，没得吃，没得穿，而且身上长满毒疮，身心俱痛。以利法是在用智慧人从列祖传下来的话教训约伯。

5. 以利法宣泄嫉恨咒诅约伯

> "他不得富足，财物不得常存，产业在地上也不加增。他不得出离黑暗，火焰要将他的枝子烧干，因神口中的气，他要灭亡（"灭亡"原文作"走去"）。"（15章29-30节）

现在约伯的朋友们在咒诅约伯，原因是什么呢？

约伯从前富足有余，扶贫助弱，博得众人敬仰。于是朋友们出于私意爱他，并与他交往。可是他们一直对约伯心存嫉妒。

在他们看来，约伯正在走败坏的道路，甚至口出敌神的话，他们便借机谴责约伯，并且口无遮拦地咒诅他，借以宣泄他们过去所沉积于心中的嫉恨。他们说约伯再也无法重新富有，产业也不得加增。

"他不得出离黑暗"是指约伯永远不能摆脱试探患难。

"火焰要将他的枝子烧干"是指连种子也都烧尽，即意味着彻底绝望。意思是：约伯永不得从咒诅中解脱。

"因神口中的气，他要灭亡（"灭亡"原文作"走去"）"是指什么呢？

意思是：神用祂的话创造了天地。因此，只要神向约伯吹一口气，他就会立即消亡。对骄傲的人、悖逆神并抗拒神的人，神就这样将他吹灭。

此话从字面上的意义看是对的，但用在约伯身上就不合适了。

> "他不用倚靠虚假欺哄自己，因虚假必成为他的报应。他
> 的日期未到之先，这事必成就；他的枝子不得青绿。他必
> 像葡萄树的葡萄未熟而落；又像橄榄树的花一开而谢。"
> （15章31-33节）

耶稣时代的法利赛人、文士和大祭司自称是遵守律法的义人。然而耶稣责备他们是"粉饰的坟墓"、"假冒为善的人"。救主显在眼前，他们也不认得，反而将救主钉死在十字架上。尽管如此，他们却仍自以为遵行摩西的律法，对神信仰虔诚，自己欺哄自己，以至走向灭亡。

"约伯！你自称义人，是自己欺哄自己，其结局就是灭亡。你已

失去了一切，一无所有，是因虚假成为你的报应。你的日子未到之先，即在你未见光明之前，这些咒诅就必临到你，还未等你的枝子青绿，灭亡就会速速临到你。你就别再梦想恢复你的尊荣了。"

以利法告诉约伯不要再指望恢复以前的风光了，一切努力都将是徒劳无功的。

若如33节所说，葡萄未熟之前因遭到虫害或狂风侵袭而落下来，便是前功尽弃；橄榄树的花若一开就谢了，只落得有花无果，也是枉然。以利法说约伯的命运就是如此。

我们查考葡萄的属灵意义。耶稣说祂是葡萄树，我们是枝子（约翰福音15章5节）。枝子只有连结在葡萄树上才能开花结果。若枝子离了葡萄树，便会干枯，被人践踏，以至被烧掉。

我们若离了耶稣基督，也就是我们不活在真理里面，就是"糠秕"信徒，不能逃避最后审判，永远被火焚烧。

"原来不敬虔之辈必无生育；受贿赂之人的帐棚必被火烧。他们所怀的是毒害，所生的是罪孽，心里所预备的是诡诈。"（15章34-35节）

以利法把约伯比作一个诡诈而不敬虔的人，说他是收受贿赂的坏人。

那么，以利法凭什么这么说呢？

约伯富有的时候，关爱众人，广行施舍，德高望重。曾经得到他帮助的人们也送礼物回报他。约伯的朋友们看此情形，就心生嫉恨。此时，辩论激烈，情绪高涨，他们的心态就显露，责难约伯曾收受过贿赂。

当然，约伯从未受过贿赂。约伯的朋友们从前心里何等嫉妒约伯，借此尽显无遗。

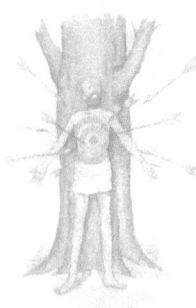

第十六章

约伯凡事归罪于神

1. 虚空的话毫无意义

2. 约伯开始认识自己

3. 约伯声称神使他枯瘦，亲友唾弃他

4. 约伯声称神撕裂他，

5. 胜过试炼之后的祝福

6. 拔除自己的角

7. 约伯坚持主张自己有理

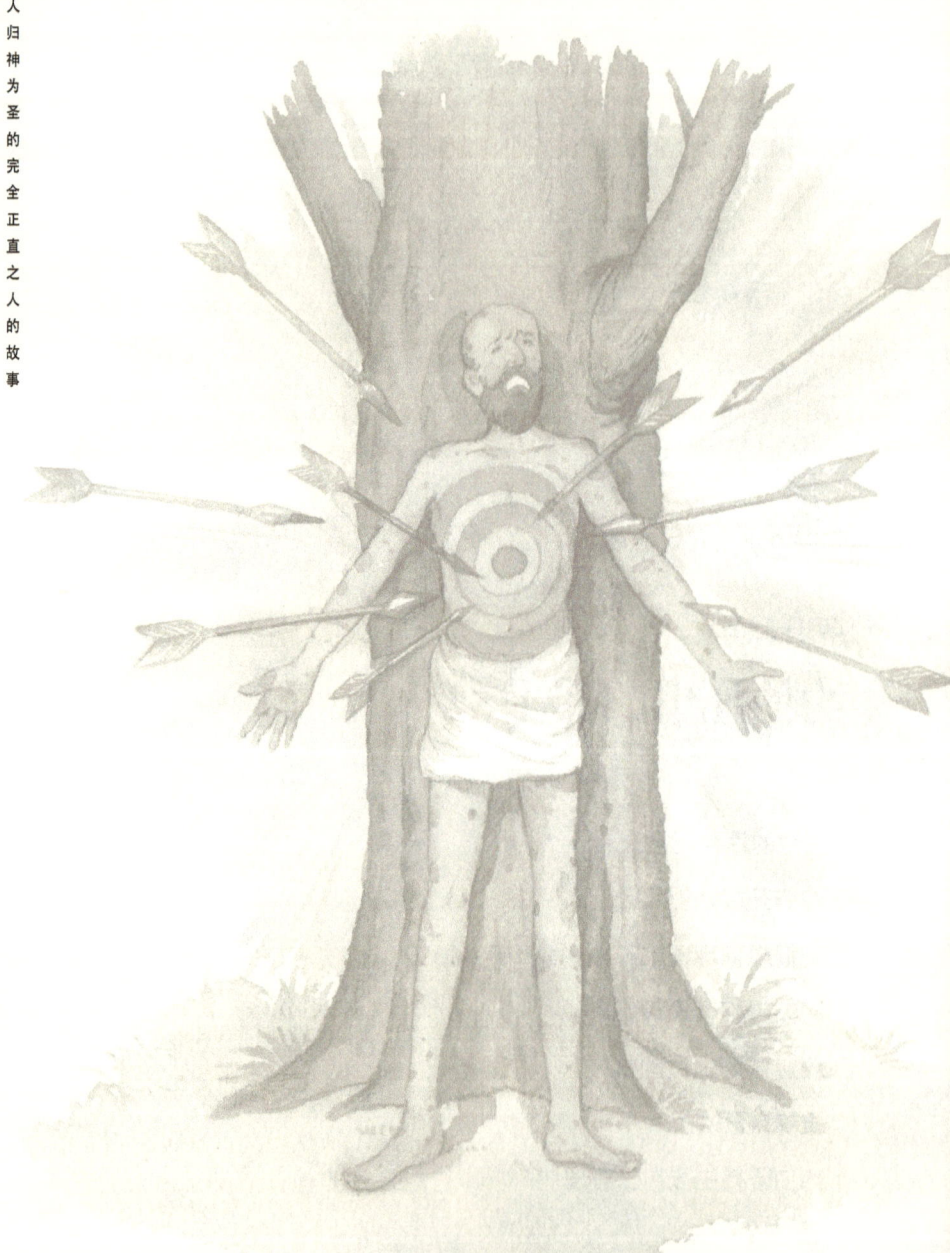

我素来安逸，他折断我，掐住我的颈项把我摔碎，又立我为他的箭靶子。
他的弓箭手四面围绕我，他破裂我的肺腑，并不留情，把我的胆倾倒在地上。（16章12-13节）

1. 虚空的话毫无意义

> "约伯回答说：'这样的话我听了许多。你们安慰人，反叫人愁烦。虚空的言语有穷尽吗？有什么话惹动你回答呢？'"(16章1-3节)

约伯说朋友们来安慰人，反叫人愁烦。约伯为什么会这么说呢？

"安慰"是指使心灵和身体得到安舒的行为。约伯的朋友们无法给约伯带来安慰，反使他恼怒、忧伤、愁烦。

因为朋友们一直用过激的话不停责备约伯，约伯听着他们的话去查验自己，反倒更是困惑迷茫，心烦意乱，痛苦不堪。

那么，约伯为何说朋友们的劝言都是虚空的言语呢？

一个人即使用善言良语劝勉别人，若他的行为与那劝言不相称，那么他的话便会失去功效。例如：张执事突然遇到难处，陷入困境时，李执事前来对他劝勉说："只要你祷告，问题必得解决，而且蒙神赐福。"

然而，张执事知道李执事也跟自己一样过着困苦的日子，便把李执事的劝言拒之耳外。虽在表面上不露声色，心里却想："你祷告怎么不蒙应允？"就这样不仅劝言无果效，反而招致别人的讥讽。

不止是在教会，在世界也一样，我们可以发现常常说很多虚妄的话。这些话对人毫无益处，反而引起误解，激发负面情绪。

约伯的朋友们素来言行不一致，他们的话，对约伯没有任何的帮助，因此约伯说他们的话都是虚空的言语。

虚妄之人的言语没有穷尽，令人争论不休，不会有什么好结果。不仅无法使跌倒、灰心的人重新得力，反因坚持主张各自的道理，彼此争胜，以致使撒但得着亵渎的机会。

"朋友! 是什么惹动你们说如此虚空的话呢?"

约伯的朋友们激愤是有原因的。约伯因相信自己没有错，完全无可指摘，所以对朋友们向他如此激愤的表现感到不解。

约伯不仅埋怨神，咒诅神，将神说成是坏神，而且将朋友们的劝言当作耳边风，不屑一顾。尽管如此，约伯仍然不悟其过，主张自己是无可指摘的义人。在朋友看来约伯既可笑，又可恨，便随着辩论升温，负面情绪越发高涨，就对约伯做出那样的回答。因此，双方都感到激愤，不仅激愤的人有问题，那个令他激愤的人同样也存在问题。

有这样一种人，他们遭受来自家庭或邻舍的逼迫，却总以为是由于自己殷勤出席教会，爱神的缘故。然而，人遇见试探，遭受逼迫的原因大都是由于自身的缺欠、失误或者过错所致的。发出基督馨香之气的人是不会受人逼迫的。他们就算受逼迫，也是为义而受的，是出于神的旨意，但这是非常罕见的。

"我也能说你们那样的话。你们若处在我的境遇，我也会联络言语攻击你们，又能向你们摇头。"（16章4节）

约伯觉得朋友们对他的评价非常离谱，所说的话荒唐无稽，所作所为令人震惊。于是约伯说："你们若处在我的境遇，我也会联络言语攻击你们，又能向你们摇头。"

意思是：若我的心像你们那样坏，也会无中生有攻击你们；强词夺理惹动你们的怒气，也可以向你们摇头。

这里"联络言语"之意是：能说不能行的人臆造谬言。即指朋友们顺着人意，肆意妄言责备和训斥约伯。在约伯看来，朋友们都是口称有信却没有行为的人，便无法信任他们的话。

那么，为何还要摇头呢？

人辩论过激，会因气恼而摇头。可见此时约伯的朋友们情绪异常激动。对方说话的时候，即使说的话与自己的想法大相径庭，我们也不要摇头蔑视否定，因为这是羞辱对方的举动；也是没等对方把话说完就草率下结论断定是非，这种行为本身就是错的。

约伯凡事归罪于神

约伯因朋友们的言行，心里受到极大的伤害。他觉得朋友们的行为严重违背真理，便试图用这番话来点醒他们。

2. 约伯开始认识自己

"但我必用口坚固你们，用嘴消解你们的忧愁。我虽说话，忧愁仍不得消解；我虽停住不说，忧愁就离开我吗？"（16章5-6节）

约伯过去素来教导许多的人，坚固软弱的手，扶助贫困的人，但他的这些善行不过是属肉体的善行（4章）。约伯在受熬炼之前至少有过善行，尽管那是属肉体的，可是约伯的朋友们却连这种肉体上的好行为也没有。

"你们自己能说不能行，反而对我指手画脚，品头论足。但我以身作则，为人师表，所以能够理直气壮地对你们说这些话。我若是没有遇到试炼，必能坚固你们，消解你们的忧愁。然而，我即便如此说，但我的问题仍不得解决；我就算静默不言，也仍无法消除心理的忧愁。"

约伯认为自己是在用好话回应朋友们，倒使朋友们更加反感、激愤，以至使他们全身颤抖，摇头示怒，因为他们觉得现在的约伯没有资格说这样的话。

在朋有们看来，约伯的表现极其恶劣：他尽管受神的咒诅，家破人亡，却仍不反省自己，反倒与神争辩，藐视朋友们。因此，对朋友们而言，约伯无论说什么话，都是逆耳的。

约伯说他若回到从前，必能坚固朋友们，必能消解他们的忧愁，然而此话反给朋友们火上浇油。

例如：一个像约伯一样有缺欠的人说自己过去如何如何优秀，并劝勉和教训别人，不仅对方不接受，反而会遭对方嗤之以鼻。

反之，他若以悔改的姿态，反省自己以往的过错，讲述自己失败的教训，便能给对方带来有益的启发。

但从中可以看出，约伯开始对自己的光景有所醒悟。"我虽说话，忧愁仍不得消解"之意是：从前我虽然能用口坚固别人，消解别人的忧愁，但现在对自己却无能为力，难以消解自己的忧愁。

那么，从前约伯是否真的给别人带来生命呢？

从前人们喜欢聆听约伯的话，从中得到安慰和力量，是由于羡慕约伯博学多闻，资财丰盛，德高望重。然而约伯自身没有永恒的生命，因此他无法给别人带来永恒的生命。

约伯因着遭遇苦难，就口无遮拦地宣泄恶言，朋友便贱视他，极端贬低约伯。因而肉体是无益的，它注定变质、腐朽。为了给约伯真生命，神只好熬炼约伯。不能消解自己忧愁的人，岂能给别人解忧！

约伯说："我虽停住不说，忧愁就离开我吗？"属肉的人遇到困境时，难以静默忍耐。只有发泄出因着强忍而沉积于心中的怨恨才觉得畅快。

约伯因为不是属灵的人，所以要他沉默，就感到痛苦；宣泄心中的恶，才觉得痛快。约伯由此惹动了朋友们的怒气，张口犯下极大的罪。

属肉的人喜欢往来传舌。他们听了别人的坏话，不传心里就憋闷难忍，就迫不及待地到处张扬，才觉得心里舒畅。

那么，他们为何说别人的坏话，即宣泄心里的恶，就觉得心里痛快呢？属肉的人乐意听从撒但的声音，他们传别人的坏话，便使撒但畅快，其心自然也跟着觉得畅快了。

我们只要变成属灵的人，在真理里面常说肯定的话，就能有利改善所处的状况和环境。属肉的人若常说否定的话，心中的恶自然就越发加深，这就是等于拿圈套套自己。否定的话会使环境和条件变得更加恶劣，从而会陷入更大的困境，最终遭至灭亡。

3. 约伯声称神使他枯瘦,亲友远离他

"但现在神使我困倦, 使亲友远离我, 又抓住我, 作见证攻击我。我身体的枯瘦, 也当面见证我的不是。"(16章7-8节)

约伯认为自己困苦倦乏、遭亲友唾弃等一切都是神所为。灵里的困倦是指丧失心力的状态, 即指什么也不能做的萎靡不振的状态。

这里"亲友远离我"是指亲友良心败坏, 背信弃义。约伯说神使他困倦, 并且击垮他, 使他气力尽失, 颓堕委靡, 陷入毁灭的坑中。

他又说神使亲友远离他, 是指朋友们越份, 用乖谬的言行, 冷酷无情地击打、刺伤他。其实朋友们激愤是约伯自己惹出来的, 然而约伯却执迷不悟, 认为是神使朋友们良心败坏, 背信弃义。

第8节约伯说自己的身体枯瘦, 意指: 不止息的困苦倦乏, 使我渐渐枯萎, 仿佛鲜花被人摘下, 因离了生命的根源, 很快就枯萎, 神摧毁了我的生命之本, 即我的财产、家庭、健康和儿女等, 我因此历尽煎熬, 气衰力竭, 身心枯萎。约伯是在把自己败落的原因归咎于神, 并且向神发怨言。

他又说："我身体的枯瘦，也当面见证我的不是。""枯廋"的灵意是完全崩溃，生命枯萎之状貌。

约伯因一夜之间失去富有、健康、家庭，甚至连朋友也敌对他，从而抱怨说：神使我如此凋零枯萎，我身体的枯廋，就能证明这一切。

4. 约伯说神撕裂他

"主发怒撕裂我，逼迫我，向我切齿；我的敌人怒目看我。他们向我开口，打我的脸羞辱我，聚会攻击我。"（16章9-10节）

约伯声称神发怒撕裂他，逼迫他。所谓"神发怒撕裂我"是指约伯遍布全身的毒疮患处裂而又合，合而又裂的状态。约伯就是把这种状态形容为神在不停地撕裂他。

"逼迫"的词义是：施加压力促使；强行迫使。从灵意上讲则表示：约伯抱怨神继续追讨和指控约伯的罪，即不停地折磨和苦害约伯。

约伯还说神向他切齿，不停地向他攻击，并且使他的敌人怒目盯着他，使他提心吊胆，成为众矢之的，不停地受折磨、苦害。

第10节里，约伯说"他们向我开口"，是含有贬义的。因为朋友们向他开口说的都是攻击、刺伤他的刻毒之言，而不是安抚心灵的恩言。

约伯说朋友们打他的脸羞辱他。当人们意外地遭到别人辱骂时，会形容为"就像被打了一耳光"，就是形容脸上被人吐了一口唾沫般的那种羞辱。约伯借以表示自己因受到奇耻大辱而极其痛苦的心境。

到现在为止，约伯的朋友们并未实际"打过约伯的脸"。现在的约伯暂且将现实的苦难抛在脑后，回想自己过去的荣华岁月。从前朋友们都尊敬他，爱他，可是如今在约伯看来，他们都起来对抗他，于是约伯说朋友们打他的脸羞辱他。

约伯尽管自己也跟朋友们一样在论断、定罪，却因自己凄惨的处境而感到自卑和沮丧，便觉得朋友们在怒目看他；神在撕裂他，逼迫他，向他切齿。

比方说一个人事业倒闭，或突然失业，陷入困境，此时他会觉得周围人都在藐视他，对他冷眼相待。其实对方的心并非他想象的那样，他认为对方待他不像从前，纯粹是出于揣测、论断和定罪。从而在痛苦中度日。

5. 胜过试炼之后的祝福

"神把我交给不敬虔的人，把我扔到恶人的手中。"（16
章11节）

约伯说朋友们是不敬虔的人、恶人。这是约伯和朋友们彼此责难对方是恶人。

如今很多人持有错误的信仰观，凡事归罪于神，如："神击打我了、神给我难处了、神给我疾病……"。这样凡事归罪于神的人，无法听到住在心里的圣灵的声音，便难以找到解决问题的方法。

神从来没有把约伯交给不敬虔的人，也不曾把他扔到恶人的手中，也未曾叫他与人辩论。

神接纳撒但的控告，但只允许撒但毁掉约伯所有的、并使他生毒疮。神在约伯身上允准这些试炼，并不是要折磨约伯，乃是要使他心中隐藏的恶显露出来，好叫他将其脱去，得以遇见神。故此熬炼就是祝福。

约伯虽然从古人的口中学到有关神的知识，但他从未遇见过神。但若通过熬炼遇见神，就能将头脑里相信的知识上的信心转化成心里相信的属灵的信心。

约伯若没有经历这般试炼，便只能一如既往地单单得享肉体上的祝福，而无法得到属灵的祝福，即无法清楚了解神，也无法发现、抵挡和离弃自己的罪而成为圣洁。

神在约伯身上允准试炼，就是因为祂知道约伯经历试炼之后必会得到永恒的祝福；随着灵魂兴盛，便得凡事兴盛，在地蒙福，在天得享发光如日头般的尊荣。

神若在我们身上许可了试炼，那么试炼的时间长短，取决于人心灵善恶的程度——心里恶多，恶便显露，从而试炼长久，熬炼延缓。

无论境况如何，人只要显出信心，凡事喜乐并感恩、恒切祷告，讨神的喜悦，神必速速攻破仇敌魔鬼撒但的营垒，赐他祝福。

起初朋友们劝勉约伯时，约伯若回答说："你们说的对！我遭遇试探患难的原因分明是因着我的错。我若照你们的劝言向神祷告，必能发现我自己的过错。"朋友们岂能驳斥他、"打他的脸"呢？朋友们闹情绪是约伯所惹出来的。

约伯若肯发现自己的过错并悔改归正，神必赐他悟性并恩典与能力，帮助他脱离患难。即使他因着毒疮，遍体溃烂，神也会瞬间使他痊愈，并赐福于他。

> "我素来安逸，他折断我，掐住我的颈项把我摔碎，又立我为他的箭靶子。他的弓箭手四面围绕我，他破裂我的肺腑，并不留情，把我的胆倾倒在地上。"（16章12-13节）

约伯凡事归罪于神

约伯遇见试炼之前，一向过着和平安逸的生活。

约伯声称神折断了他，意即如同人杀鸡将其脖子拧断一样，神将他的脖子拧断，并将他摔碎。约伯想起自己的遭遇，便觉得神是邪恶而残酷无情的神。

这里约伯的脖子被折断之意是：神折断了约伯的心志、坚定的信念。就是折断了他支撑头部的颈项，亦即折断了他支撑着崇高、威严，以及他引以为豪之一切的支柱，使他成为一个软弱无能的人。

约伯接着说神又立自己为祂的箭靶子，意思是：神把约伯当作祂射箭的目标、操练的工具。

第13节里，约伯说神的弓箭手四面围绕他，神破裂他的肺腑，并不留情，把他的胆倾倒在地上。约伯是在用比拟的手法讲述他对神的看法。这里"箭"意味着神的心。就是说神心似箭，从四面八方向他射击，不给他喘息的机会，毫不留情地穿破他的肺腑。

"破裂肺腑"意味着被命中要害。神折断他的脖子，即折断了他的意志；用箭射穿他的肺腑，使他彻底毁灭。

"把我的胆倾倒在地上"表示约伯内心痛苦极深。约伯因为没有遇见神的经验，所以发出如同胆汁倾倒在地上般的痛苦的哀鸣。

我们就算落到事业倒闭，儿女误入歧途，疾病缠身等四面楚歌的境地，也应当信靠仰赖全能的神，祂必用火焰般的眼目保守我们，伸出大能的手搭救我们；祂必指引我们的道路，使万事都互相效力，叫我们得益处。因此我们只要爱神，活出祂真理之道，便能凡事谢恩。

6. 拔除自己的角

> "将我破裂又破裂，如同勇士向我直闯。我缝麻布在我皮肤上，把我的角放在尘土中。"（16章14-15节）

约伯说神将他破裂又破裂，如同勇士向他直闯。全知全能的神岂能如此摧残一个卑微的受造之物——约伯呢？基督徒遇到难处，遭受失败，经受熬炼的原因，大部分都是因着自己的缺欠或过错，然而如今总有一些人将这些原因归罪于神，说："神不停地击打我。"他们说自己陷入困境，遭受失败是由于神发怒击打他的缘故，便对神心存恐惧。

约伯也是因着自己的恶心经受熬炼，从而继续发恶。违背真理，必遭撒但的控告，随之遭受更大的试探、患难和苦痛。

约伯受熬炼，却不知自己的原因，总是归罪于神，于是感觉到神是坏神、可怕的神。

第15节里，约伯说"我缝麻布在我皮肤上"是指现在自己的身体布满毒疮，体无完肤。麻布是各种麻类植物纤维制成的一种质地粗糙的布料。

约伯富有的时候具有仁义的品性，因此其肌肤一定是细嫩柔滑。但现在的他因毒疮遍布全身，体无完肤，便拿麻布作比方，哀叹自己的处境，向神发出怨言。

那么"把我的角放在尘土中"是什么意思呢？

凡接受耶稣基督，领受圣灵的人，他的名字就会记载在天国的生命册上，并且得称为神的儿女。神的儿女应当除去这个"角"，即除去自尊心、成见等，方能获得真理的力量，竖起真理的"角"。

人并非接待耶稣基督，与圣灵有份，立刻就能得以完全。如同孩子降生之后，渐渐长成青年、壮年一样，重生的人应当以神的道为粮，并实践神的道，使灵命日渐增长，改变成属灵的人、圣洁的人。长大成人，满有基督长成的身量，即具备充足的信心的人，就能获得进入天国中至美的圣城新耶路撒冷的资格。

神在加拉太书5章16-17节勉励我们要脱去情欲，顺着圣灵而行："我说：你们当顺着圣灵而行，就不放纵肉体的情欲了。因为情欲和圣灵相争，圣灵和情欲相争，这两个是彼此相敌，使你们不能作所愿意作的。"

人的自尊心、成见等均属于情欲，这里说"情欲和圣灵相争"，即人领受圣灵之后，两种心彼此相争。就是愿意顺从圣灵之律的心和喜欢随从非真理敌对神旨意的心彼此相争。

对此罗马书7章22-24节说："因为按着我里面的意思（原文作"人"），我是喜欢神的律；但我觉得肢体中另有个律和我心中的律交战，把我掳去叫我附从那肢体中犯罪的律。我真是苦啊！谁能救我脱离这取死的身体呢？"

正如经上所说：里面喜欢圣灵之律的人和喜欢随从犯罪之律的旧人互相争战时，人就会发出叹息，说："我真是苦啊！"此时应当火热地祷告，除去心中的恶，竭力行善，便能使爱慕生命圣灵之律的心更加强盛，从而能够过得胜的信仰生活，以至长成磐石般坚定不移的信心。

使徒保罗曾说："弟兄们，我在我主基督耶稣里指着你们所夸的口极力地说，我是天天冒死。"（哥林多前书15章31节）使徒保罗因天天将自己置于死地，治死老我，便得以成为行大权能的仆人，作主的见证。

然而，有些人将离弃自尊心当作一件受委屈的事。约伯现在哀叹自己的角被尘土所染。

耶稣和古人先知们都没有自尊、骄傲、私欲和成见。摩西当王子的时候，他的角该是何等坚固！但他在旷野被炼净之后，"角"就不见了。

亚伯拉罕、雅各、以利亚、以利沙、但以理也是如此。耶稣的门徒和使徒保罗也是自从领受圣灵，经历熬炼，将自己的"角"拔除净尽之后，才成为被神重用的仆人。

固执自己成见的人，无法顺从神的话语。扫罗王也因不摒弃成见而悖逆神，最终被神厌弃。约拿先知也因不除掉自己的"角"而不顺服神，以致遭受狂风巨浪的袭击。

约伯正在凭着自己的角，与朋友们争辩。约伯以"我的角被放在尘土中"的形容，表示他的人格和尊严被践踏。可见他的自尊心何等强烈。

约伯因认为自己的"角"被神和朋友们折断和蹂躏，甚感痛苦，这个痛苦胜过他因毒疮而受的痛苦和失去儿女的痛苦。

7. 约伯坚持主张自己有理

"我的脸因哭泣发紫，在我的眼皮上有死荫。我的手中却无强暴，我的祈祷也是清洁。地啊，不要遮盖我的血，不要阻挡我的哀求。"（16章16-18节）

约伯不仅因着患了毒疮而哭，也因着失去亲人痛心而哭，也因着被妻子和朋友们唾弃而哭，更是因着自己的自尊心遭人践踏而悲痛哀哭。

然而，我们信神的人当要流的泪是为失丧灵魂而流的哀恸之泪、悔罪之泪、追求圣洁的追切之泪、感谢神恩的感恩之泪和喜乐之泪。

现在的约伯是没有生命和盼望的属肉体的人，故此只能哀恸哭号。可是有生命和盼望的人，能以喜乐和感恩的心并信心的祷告，胜过一切试探和患难。有生命的人和没有生命的人差别就是如此巨大。

约伯说："我的手中却无强暴，我的祈祷也是清洁。"的确，约伯的手中从未有过强暴。人的行为是由心发出的。约伯虽然没有显而易见的恶行，但他口中却宣泄恶言，这表明他还有待在真理里面修造自己。

他却说"我的祈祷也是清洁"，是表明他至今仍旧对自己的妄言执迷不悟，反而主张自己有理。他说"地啊，不要遮盖我的血"之意是：我是公义而清洁的人。地啊，你不要遮掩我的清白无辜。当人们觉得冤枉的时候，会说"天知道地知道我是无辜的"。约伯用比喻倾诉自己的处境。

神的儿女就不必说"天知道地知道"，因为神无所不知。只要用神的道对照自己，我们就能分清自己的对错。

"现今，在天有我的见证，在上有我的中保。我的朋友讥

诮我，我却向神眼泪汪汪。愿人得与神辩白，如同人与朋
友辩白一样。因为再过几年，我必走那往而不返之路。"
（16章19-22节）

"在天有我的见证，在上有我的中保"的意思是唯独能保证约
伯清白的，是在天的神。约伯认为地上无人能搭救他，无人能解除
他的问题，唯独天上的神能做到。

约伯认为朋友们在讥讽和嘲笑他，然而在朋友们的眼里约伯
是个不良之人。神教导我们要在患难中喜乐、感恩，并带着信心向
神求告。

可是约伯却以埋怨、哀叹、定罪和论断的心态向神流泪狡辩，
便使撒但得着亵渎的机会，导致病情更加恶化、痛苦越发加深。

约伯一直坚持主张自己是对的，因此他说但愿自己得与神辩
白。"辩白"意指说明事实真相，用来消除误会或受到的指责。约
伯这里所谓的"人"是指与众不同，持守人的本分，分清公义和良
善，遵守道义的人。

约伯巴望在所有认识自己的、风闻他消息的人们面前为自己进
行辩白。因为约伯臆测论断他们听说自己受难，就将他当作是受神
责罚的罪人。

约伯有时觉得自己的生命不久就要结束，有时又觉得离死亡
还有数年的岁月，他难以测度自己的苦难何时终了。他断定自己总

有一天必走那往而不返之路。

第十七章

随着时间的推移约伯越发困苦

1. 约伯求神给他凭据

2. 约伯咒诅朋友

3. 约伯用文言修辞愚弄朋友

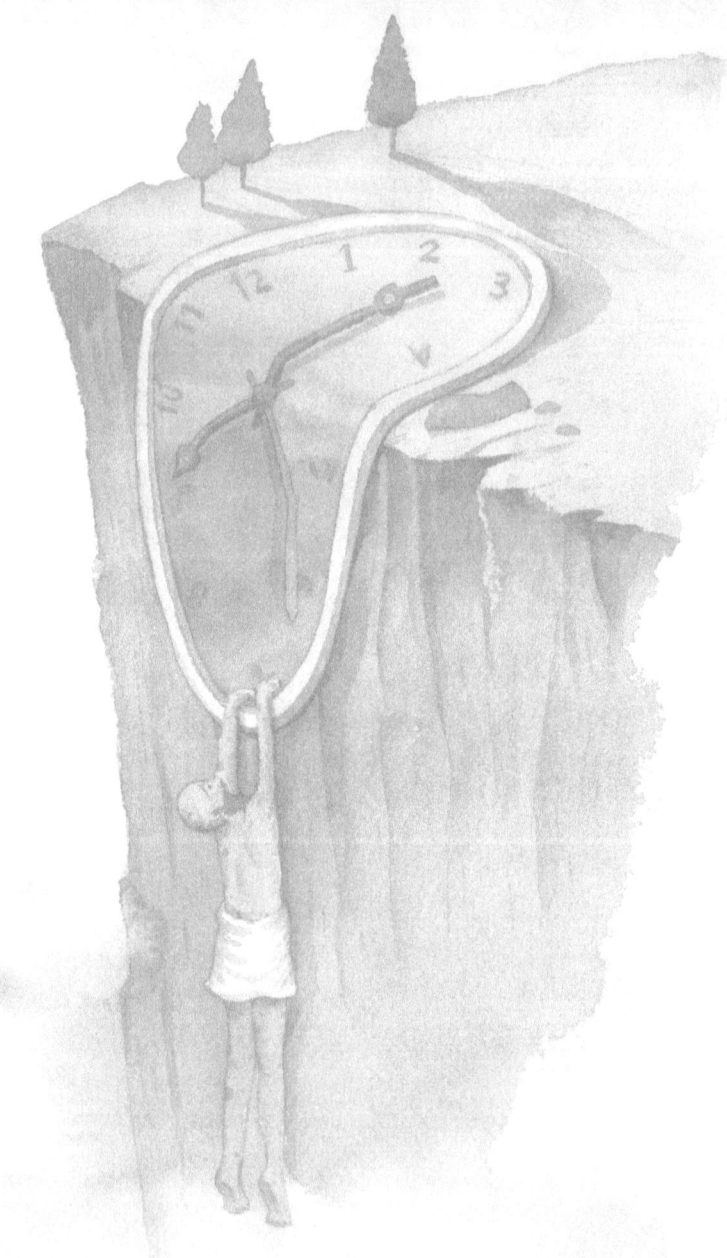

我的日子已经过了，我的谋算、我心所想望的已经断绝。（17章11节）

1. 约伯求神给他凭据

> "我的心灵消耗，我的日子灭尽，坟墓为我预备好了。真有戏笑我的在我这里，我眼常见他们惹动我。愿主拿凭据给我，自己为我作保。在你以外谁肯与我击掌呢？"（17章1-3节）

约伯在挫败感与痛苦中挣扎，以至筋疲力尽，自暴自弃，声称自己的心灵消耗。约伯这么说并不是因他的生命真的危在旦夕、坟墓已经预备好。而是照自己的心情看来，人生已经快要结束了。

当人因着接二连三的失败，跌入人生最低谷，彻底绝望的时候，就会说："死就是最好的出路了。"

第2节里约伯说朋友们不但不安慰他，反倒戏笑、嘲弄他。约伯虽然得罪朋友们，惹起他们的怒火，却不承认自己有错，从而当朋友们反过来惹动他的时候，他就感到痛苦。

比如说张三欠了李四一笔债，未能如期还上，此时即便李四恼怒咒骂，张三也应当请求饶恕，并给他宽限，可若张三还口说"你未免太过分了吧！"或"你何必这么激动。"便是比李四更恶。

"凭据"是指某种事物的保证。约伯求主拿凭据给他，是表示求神为他作证，解除他的患难，亲自作他的保证人。也就是说求神拯救他脱离危难，成为他生命的主宰。这是约伯凄惨的呐喊，悲痛的哀鸣。

不信神的人往往试图依靠人的力量去解决他们的问题，于是四处寻找担保人。约伯就像被债主追逼的人为了摆脱困境而迫切寻找作保的人一样，以焦急、迫切的心情向神诉求。

然而，他们即便找到了担保人，若不解决根本问题，便仍旧被人追逼。因此，自身的问题必须要自己解决。走错了路，就当自己回头；行为不轨，就当改过自新。

然而，约伯由于认为自己是对的，所以寻求作保的人，即便是不着边际的话，他也要极力呐喊。

有信心的人如果遇到问题，就不应当依赖担保人，受其制约。应当专心仰赖全知全能的神，查出自己陷入困境的原因，并认罪悔改，遵照神的旨意而行。

约伯在第3节说："在你以外谁肯与我击掌呢？"约伯左看右看，上看下看，天上人间无人能把他推向这般惊涛骇浪之中，唯独神能做得到，便说此话。

2. 约伯咒诅朋友

"因你使他们心不明理，所以你必不高举他们。控告他的
朋友，以朋友为可抢夺的，连他儿女的眼睛也要失明。神

使我作了民中的笑谈，他们也吐唾沫在我脸上。"（17章4-6节）

约伯自认为是用智慧的话教训朋友们，但他们不但"心不明理"，反而对他以恶相报。约伯说这一切都是神所指使的，不过他们终究得不到神的赞赏，而且他绝不会认可他们的话。

约伯如果凭着从神来的智慧教导朋友们，就不至于惹动他们了。但因动用了人的聪明，便受撒但的搅扰，以致感情用事，适得其反。

约伯正在试图说服神不要高举那些虐待、责难他的朋友们，他还求神证明他们的话都是错谬的。

约伯因从朋友们受到极大的羞辱和创伤，便咒诅他们的儿女会眼瞎。

在信耶稣的人当中也有类似的人，他们受到别人的伤害，就恼羞成怒，咒骂对方。这是没有信心、不明白主真爱的表现。

约伯根本不查验自己受朋友们羞辱的原因，反倒将一切归罪于朋友们，甚至咒诅他们。从中我们可以得知约伯受熬炼的必然缘由。

耶稣说："只是我告诉你们这听道的人，你们的仇敌，要爱他；恨你们的，要待他好；咒诅你们的，要为他祝福；凌辱你们的，

要为他祷告。"（路加福音6章27-28节）

神教导我们要爱我们的仇敌，何况我们主内的弟兄，我们岂能恨他呢？为咒诅我们的人祝福，虽非易事，但只要领受属灵的爱，便一点都不难了。我们进入属灵的境界，就能怜悯咒诅我们的人，因而能够为他祷告祝福，并将他向神交托。

约伯被神称许是完全、正直的人，但他遭别人攻击，照样给人还击。神为了使约伯的良善不介乎律法仪文，而在乎心灵，便允许他受这般熬炼。

神因为知道约伯为人完全、正直，所以要通过熬炼把他造就成属灵的人。通过熬炼，约伯心里的恶尽显无遗，朋友攻击他，他就加倍地还击。神借着熬炼使隐藏在约伯内心深处的恶显露出来，因为约伯只有发现内心深处的恶，将其除去净尽，才能成为蒙神的认可和爱的真正的儿子。

在奥运会上摘得金牌的选手，若有一种方法能够使他们不经过残酷的训练也能获得冠军，他们一定会放弃训练，选择那方法，教练也没有必要去训练选手了。但因只有经过刻苦训练，才有可能摘得金牌，所以选手们哪怕是经受"地狱般训练"也在所不辞。

假如：在教会或公司里，领导表扬了某个人，此时你会不会产生嫉妒呢？

"哼！这个人还不如我，有什么值得表扬的？"

如果我们有这种念头，就应当承认自己心里有恶。既然别人受称赞，都能恶念油然而生，感到委屈和痛苦，可想而知当自己受到领导责备的时候会是怎样的表现！

那么，约伯咒诅朋友说他们儿女的眼睛也要失明，是什么意思呢？

从属灵的角度看，眼睛代表未来。人看不见，便前途受阻，禁锢终身，因此这是非常极端的咒诅。儿女乃为传宗接代的关键，叫儿女眼瞎是极为严重的咒诅。

第6节里，约伯说："神使我作了民中的笑谈，他们也吐唾沫在我脸上。"约伯因认为自己没有任何理由受这样的待遇，便将一切都归咎于神。

"他们也吐唾沫在我脸上"，此话并非指众人实际吐唾沫在他脸上，乃是用这种比喻，辛辣地形容人们因约伯宣泄自己的恶，就说他的坏话，并嗤笑、辱没他的情形。

> "我的眼睛因忧愁昏花，我的百体好象影儿。正直人因此
> 必惊奇，无辜的人要兴起攻击不敬虔之辈。然而义人要持
> 守所行的道，手洁的人要力上加力。"（17章7-9节）

约伯素有一手好文笔，博古通今，满腹经纶。故此约伯的比喻

中包含着丰富的内涵。这里"眼睛"的灵意是：可以预见的未来，因为人将看到的存在记忆中，可以进行回忆。

那么，约伯所忧愁的都有哪些呢？

约伯有很多忧愁。他因倾家荡产，受人辱骂，遭受痛苦而忧愁，又因落到人生最低谷、病入膏肓而忧愁。

"眼睛因忧愁而昏花"意指自己一切欲望和盼望已变得空洞，前景暗淡。"我的百体好象影儿"表示：影子虽具有形状，但毫无用处，故意味着虚无缥缈之状貌。约伯拿影子来形容自己肉体的虚空。

约伯因自己的肉身渐渐溃烂，遍体生蛆，恶臭刺鼻，以致不值得爱惜，不值得修饰，虚空无益，便用影子来形容自己的这种光景。

很多基督徒的信仰也是如此。听了神的道，知道什么是该离弃的，什么是该行的，什么是不该做的，什么是该守的，却只是将这些知识在头脑里积累，而不去实践。

虽听了神的道，明白真理，却不全然遵行，便使神的灵担忧，听到圣灵的叹息，心里觉得苦闷。不知有多少人虽寻求全能的神，却所求的不蒙应允，饥渴难耐，茫然彷徨。

如今在我们周围，那些对耶稣的信仰如同影儿，有名无实，飘忽不定的基督徒实在很多。

他们虽然声称自己是神的儿女，但因没有行为，故未能深入属灵的境界。他们因明知真理却不能行，便觉得忧苦愁烦，尽失基督徒美好形像。

他们似乎是信神的道，但他们的信只像影子一样。他们寻求神的旨意，到处咨询，没有定见，摇来摇去，彷徨不定，绊跌扑倒，又重新振作，就这样周而复始。他们只要遇见神，就能摆脱一切问题，但因从未经历过信心的果效，便灵里迷茫，徘徊不定。这样的人多得不可胜数。

约伯也因从未遇见过神，所以感到空虚，迷失方向。然而，神知道约伯必能成圣，而且能成为大器皿，所以允准巨大熬炼，炼净约伯。

第8节里，约伯因朋友们继续指责他是个不虔诚的人，便借以第三者——"正直人"的视角去评判朋友们的所作所为，这"正直人"中也包含约伯他自己。正直的人看见约伯的遭遇必觉惊奇，继而惊愕、惊叹，无辜的人要兴起攻击不敬虔之辈。

当然，一个无罪的人见到做伤风败俗，伤天害理之事的人，或许会产生义愤。不过，虽然这里约伯说的比喻本身是没错，但这样的比喻唯独诚实无伪的人才配得使用，像他这样的人是不适合的。自己本身不诚实，却使用这种第三者的比喻来将自己崇高化，这会使人跌倒，这也是一种罪。

这样的罪是基督徒在日常生活中常犯的罪。这会引起撒但的控告，以致时常卷入纷争。很多时候我们在无知当中犯罪，但要知道撒但必会对此进行控告。

第9节说："义人要持守所行的道"。"持守"的词义是：持之以恒地操守。故"义人要持守所行的道"是指约伯表白自己虽然受到旁人百般的劝阻，也不为所动，从容不迫地自行其道。

约伯表示：他虽无辜，朋友们却故意惹动他，使他变恶，因此他不仅要对此进行辩白，将来也只好继续如此。

那么，"手洁的人要力上加力"是什么意思呢？

约伯在前面章节中提到自己的身体枯瘦（16章8节），并说自己心灵消耗（17章1节），在此却又说自己力上加力，说话前言不搭后语。然而，此处约伯可谓是自圆其说。

因为约伯固执、自尊心强，所以他会辩白到底，直到心力体力消耗净尽。然而，约伯因认为自己是对的，所以一旦翻身，就能够力上加力，理直气壮地说这样的话。如此，自尊心强的人走到尽头也顽冥不化。

约伯说他自己的身体枯瘦，渐渐凋零枯萎，但因为此话是正确的，从而得到鼓舞，主张到底。也就是说：他虽体力渐渐消耗，心力也渐渐衰败，但因持有自己是对的观念，不甘服输，所以日后还会力上加力，陈述自己的观点。

在信仰里面这种自我意识和固执的秉性是毫无用处的，反倒会招人的厌烦，破坏和平。我们所作所为若使对方觉得不理解，或反感，就有必要省察自己。

人与人之间不能和睦共事，这说明双方都有问题，此时应当彼此省察自己，放下自我主张，互相体贴宽容。

3. 约伯用文言修辞愚弄朋友

> "至于你们众人，可以再来辩论吧！你们中间，我找不着一个智慧人。我的日子已经过了，我的谋算、我心所想望的已经断绝。他们以黑夜为白昼，说：'亮光近乎黑暗。'"（17章10-12节）

这里所谓"至于你们众人，可以再来辩论吧！"此话并非叫朋友们退去而再来，乃是叫他们重新查验自己曾说过的话。约伯指着朋友们断言："你们中间，我找不着一个智慧人。"意思是：朋友们中间没有一人能够给他指明正道，使他摆脱这一切的困境。

约伯在诉说：因为朋友们对他毫无帮助，所以他自己的谋算只能落空，心所向往的必然断绝。也就是说约伯他已完全无力摆脱困境，可是连朋友们也对他转脸，其中也没有一个智慧人，能够解决他的难处，因此他注定渐渐走向灭亡之路。

随着时间的推移约伯越发困苦

约伯是在宣泄自己翻腾的情绪和心里的苦楚。然而，约伯因着自己的恶，自投撒但的网罗。如果我们也像约伯那样口出恶言，自投罗网，固执己见，惟我独尊，藐视对方，贬低神为坏神，神岂能帮助我们呢？

我们说的话若令人厌烦或难受，便难以彼此和平共处，彼此之间的隔阂也越来越深，那些话于人于己都无益处。约伯因认为朋友们在讥诮自己，便利用文言修辞愚弄朋友们。

第12节说："他们以黑夜为白昼"，这里"黑夜"是指黑暗，故堪称以黑暗为白昼，亦即黑暗便是他们的工作。这是在拐弯抹角地讽刺朋友们的心态。

约伯是说：你们所行的岂不都是背道逆理的事吗？约伯是在卖弄学问，讽刺朋友们是把他们自己的恶劣行径，套在他身上。

约伯说他们以黑夜当作白昼，说：亮光近乎黑暗，意即他们的话荒唐无稽，颠倒黑白，捕风捉影，歪曲事实，混淆真理，如同主张太阳能从西边出来一样。

约伯的朋友们或许没有约伯那样的才华，但他们毕竟也是知书能文的人，便立刻识破约伯是在卖弄学问讥讽和嘲弄他们。他们该是多么气恼啊？

当今世界也有许多这样的人，他们口称信神，但若不合自己的心意，就利用神的话语给别人定罪，或加以讥笑和讽刺。甚至有的牧会者还借用神的话语，对羊群进行威胁和恐吓。然而，真理的功用是给人带来和平和喜乐、自由和生命，而非带来不安与恐惧。

"我若盼望阴间为我的房屋，若下榻在黑暗中，若对朽坏
说：'你是我的父'；对虫说：'你是我的母亲姐妹'。这
样，我的指望在哪里呢？我所指望的谁能看见呢？等到安
息在尘土中，这指望必下到阴间的门闩那里了。"（17章
13-16节）

约伯心里空虚，绝望，声称自己的指望必下到阴间。然而，信
耶稣基督的我们所指望的是天国。

约伯没有属灵的生命。他因着自己所有的一切都被毁掉，就声
称自己注定要下入黑暗世界的阴间，这就成为他自己的网罗。"下
榻在黑暗中"是指约伯只能躺卧在阴间。

约伯之所以对朽坏说：你是我的父，是因为他认为朽坏可以使
他安歇，就像儿女在父亲的呵护下安然度日，得享安息。

那么，约伯对虫说：你是我的母亲姐妹是什么意思呢？

母亲或大哥哥、大姐姐抚养幼儿的时候时常抱在怀中，亲昵
地亲嘴，与他们有肉体的接触。约伯是在描述他自己眼下身体溃
烂，爬满蛆虫的状貌。因为蛆虫寄生在他的皮肤上，便以"你是我
的母亲姐妹"的比喻，倾诉自己的愁烦与悲痛。

随着时间的推移约伯越发困苦

约伯在哀鸣呐喊：我的指望在哪里？然而，拥有真理与生命的我们，永恒的居所被安置在天国，而非安置在阴间，故我们应当由衷地向神感恩！

人死后，葬在坟墓里，肉身被封在尘土里。约伯在哀叹："等到安息在尘土中，这指望必下到阴间的门闩那里了。"然而，信神的人，因有天国的指望，虔诚度日，从而在这地上也必蒙神赐福。

他们会得到灵魂兴盛，凡事兴盛，身体健壮的祝福，并且获得永恒的生命，摆脱死亡的恐惧，度过喜乐和感恩的生活。

随着离弃心中的恶，心意更新而变化，成为圣洁，心里相应临到真正的平安，以至进入天国，这是何等感恩的事啊！除此之外，信神的人在这地上所蒙的祝福实在是数不胜数。当然，进入天国之后所要得享的荣耀和祝福，就更是超乎我们所思所想。

第十八章

要以善胜恶
——恶到极限的书亚人比勒达残忍的咒诅

1. 不要撕裂自己

2. 当除去嫉妒的心

3. 咒诅并巴望别人倒霉的心

4. 当人心中根本的恶显露的时候

圈套必抓住他的脚跟，机关必擒获他。活扣为他藏在土内，羁绊为他藏在路上。（18章9-10节）

属肉的人　属灵的人（上）

1. 不要撕裂自己

> "书亚人比勒达回答说：'你寻索言语要到几时呢？你可以揣摩思想，然后我们就说话。我们为何算为畜牲，在你眼中看作污秽呢？你这恼怒将自己撕裂的，难道大地为你见弃，磐石挪开原处吗？'"（18章1-4节）

当人们看到朋友或亲戚吵架的情形时，会劝架说："你们争吵要到几时呢？求你们别再吵了！"大多数人在辩论时，绞尽脑汁寻索驳倒对方的辩词，极力争胜，理论到底，最终理屈词穷，闷声丧气，或恼羞成怒。

我们应当查验自己是否曾经仅仅以驳倒对方的目的，就与人进行无益的辩论。

除此之外还有这种类型：第三者介入别人的争论，貌似用道理点醒调解双方，实际上他自己的话比谁都多。书亚人比勒达虽说"你寻索言语要到几时呢？"但其实他也是个"寻索言语"的人。

在神看来这是何等可笑的事呢？不仅彼此争辩的约伯和朋友们有错，劝他们停止争吵的比勒达也有错。

比勒达责问约伯说："我们为何算为畜牲，在你眼中看作污秽呢？"比勒达这么说是有原因的。一直以来，约伯指着朋友们说

"你们不像人。""你们为人不正派。""你们没法跟我比。"于是比勒达说约伯不把朋友们放在眼里，视作畜牲。

畜牲既没有理性，又没有分辨力，行动盲目散漫。由于约伯视朋友们如畜牲，称他们为败坏的人，于是比勒达责问约伯说"我们在你眼中看作污秽吗？"

约伯羞辱朋友们，并且怒斥贬低他们。朋友们也不甘示弱，变本加厉地驳斥约伯，可谓是五十步笑百步。眼下约伯的处境十分悲惨，毫无盼望，前景暗淡。可是朋友们对这样的约伯总是加以挑错、指责，约伯便恼羞成怒，撕裂自己。

那么，约伯是怎样撕裂自己的呢？

在16章9-11节里，约伯说："主发怒撕裂我，逼迫我，向我切齿；我的敌人怒目看我。他们向我开口，打我的脸羞辱我，聚会攻击我。神把我交给不敬虔的人，把我扔到恶人的手中。"

约伯声称神把他交给不敬虔的朋友们，把他扔到恶人——朋友们的手中。约伯如此向神抱怨，将朋友们当作恶人，就是等于将自己撕裂。

在信的人当中也有很多这样将自己撕裂的人。他们常常是那些尚未进入真理，无所造就的人。他们经常因某些事而感到委屈，不合自己心意的时候就发怒，惹是生非。他们就是不能管束自己的心，自己撕裂自己的人。

人心里产生负面情绪，自然"将自己撕裂"。其实撕裂别人，就是撕裂自己。我们应当反省自己是不是这样的人。

例如：有的人一旦喝了酒，就扯着嗓门大喊大叫，还用脚踹大门，骂骂咧咧地叫人赶快给他开门。还有的人与妻子闹矛盾，就怒砸自己宝贵的家当。

在教会里面，有的人还因与弟兄过不去，就不参加主日礼拜。干犯主日是得罪神的事，缺席礼拜吃亏的是自己。我们若因生气，或因遇见试探而停止祷告，便是将自己撕裂。

丈夫有外遇，妻子恼羞成恨就常去舞厅跳舞，或跟丈夫赌气，也出墙招蜂，以致家庭破裂，这对她有何益处呢？这样的作为都是自己撕裂自己。

第4节里，比勒达对约伯说："难道大地为你见弃，磐石挪开原处吗？"大地或磐石原地不动是不变的事实。然而，比勒达是在借以讥笑、嘲弄约伯说：不论你约伯怎么恼怒，大地或岩石仍是纹丝不动的。

如果丈夫跟妻子发脾气，随手抓住钟表摔在地上，此时妻子若耻笑丈夫说："你以为这样就能使大地为你所动，使磐石挪开原地吗？"丈夫定会火冒三丈，暴跳如雷。

这下损失就更惨重了：本来摔了钟表就可以消气的丈夫，由于气到头上，怒发冲冠，便拿电视机或家具出气了。丈夫的行为是恶劣，可是妻子的恶比丈夫更高一筹。丈夫发恶，妻子却火上浇油，使其恶性大发，这对她有何益处呢？

嘲讽丈夫的妻子固然有错，然而使妻子变恶的丈夫也有责任，便是半斤八两，各人都在自己撕裂自己。

夫妻彼此撕裂，是令神震怒的事。对这样的家庭，神会转脸不顾，撒但就开始搅扰这个家庭，遭受巨大的试探、患难，导致家庭破裂，儿女误入歧途，疾病缠身等。彼此撕裂，神就向他们掩面，仇敌魔鬼撒但就大得亵渎的机会，尽行撕咬、毁坏。

第4节的"大地"是人站立的地方；"磐石"则坚实牢固，无法挪移。

"你所站立的大地，能为你的愤怒而惊恐吗？坚牢的磐石，能为你的怒火而挪移吗？"

比勒达是在通过这样的比喻讥讽嗤笑约伯。比勒达就像一个闯入着火的房子救火，摇扇子扑火，反而适得其反，帮倒忙的人。这种作为只能导致给对方火上浇油，使情绪越发翻腾的结果。

从真理的角度看，当对方自己做错了反而还生气、发恶的时候，我们也不能对他讥讽和嘲笑。只有以善感恶，才能以善制恶，而以恶报恶，则会恶上加恶，后果不堪设想。故此我们应当以善胜恶。

综观朝鲜王朝五百年的历史，充斥着勾心斗角、党争不断、争权篡位、残忍和血腥。其中张禧嫔这个历史上恶名昭著的女人也是一辈子自己撕裂自己。其哥哥也相仿。这样，凡违背真理的一切言行，必然招致惨重的恶果。

张禧嫔由于妒忌过甚，自己撕裂自己，自掘坟墓。然而，肃宗自以为替天行道，以平国愤，御赐鸩酒，毒死张禧嫔。可是此举遗恨其子，酿成悲剧。

肃宗或其臣宰们若明白真理，并按真理而行，对将来治国的君王之母亲，采取监禁或其它措施，便不会酿成血腥的历史悲剧。我们应当切记：追求真理的人，必然得胜。

越深入后面的篇章，我们可以发现隐藏在人内心深处的恶越发淋漓尽致地呈现。因此，通过约伯记，我们能够悟出许多真理，得到丰盛的生命，清晰发现自身的缺欠。

2. 当除去嫉妒的心

"恶人的亮光必要熄灭，他的火焰必不照耀。他帐棚中的亮光要变为黑暗，他以上的灯也必熄灭。他坚强的脚步必见狭窄；自己的计谋必将他绊倒。因为他被自己的脚陷入网中，走在缠人的网罗上。圈套必抓住他的脚跟，机关必擒获他。"（18章5-9节）

亮光熄灭，火焰自然不能照耀。"恶人的亮光必要熄灭"之意是：约伯的盼望，即恶人的盼望必然落空。"火焰必不照耀"是指在朋友们看来，约伯的所作所为尽都是恶，故他们咒诅约伯以往的一切业绩将黯然失色，化为乌有。

约伯凡事自以为义，是由于他的行事为人素来正直、仁义。然而，约伯的朋友们一直对此既是羡慕，又是嫉妒。本文章节的内容清楚地表明这个事实。正是出于这个原因他们讥诮约伯，并称他为恶人。

第5节里，比勒达断言"恶人的亮光必要熄灭"，接着在第6节里说"他帐棚中的亮光要变为黑暗，他以上的灯也必熄灭。"这是对第5节的"恶人的亮光必要熄灭"的追加补充。这是何等恶毒的话呢？

若是真正信神，属真理的人，对处于约伯这种光景的人，应当给他栽植希望与盼望，勉励他重新得力，走义人的道路。这是人当尽的本分。

耶稣心里柔和谦卑，压伤的芦苇祂不折断，将残的灯火祂不吹灭（马太福音12章20节），我们应当以耶稣的心为心。然而，一个信神的人若看到恶人就无情地践踏，并巴望他遭殃、败亡，那么，这便是他心恶的明证，恶人走灭亡之路，他也必然一同灭亡。

第7节说："他坚强的脚步必见狭窄；自己的计谋必将他绊倒。"

"脚步狭窄"是形容走路疲乏无力之状貌。约伯自以为完美无缺，充满自信，所以他的步伐素来矫健有力，威风凛凛。

约伯便成为朋友们羡慕和嫉妒的对象。朋友们一直以来对约伯的心态是羡嫉交错，等他们看到约伯沦丧败落的时候，嫉妒的心便占了上风，原形毕露。

这种心态不只是比勒达一人所有，乃是人们普遍的心理，可谓属肉体的人大多都是如此。

于是，比勒达说约伯坚强的脚步必变得疲乏无力；必被自己的计谋所绊倒，借以表示约伯过去的所作所为都是蓄谋的骗局，他的这一计谋成为他自己的网罗，用以全盘否定约伯过去的业绩。就这样比勒达隐藏在心中的恶，透过他的嘴唇，尽显无遗。

有这样一些人，他们看到别人得到好处，就由羡到嫉，由嫉生恨，隐盼其倒霉、遭难，这样的人是极其愚妄的人。我们看到行恶的人败落，不能幸灾乐祸，反而应当能够为他哀恸祷告。

第8节中说："因为他被自己的脚陷入网中，走在缠人的网罗上。"这是什么意思呢？

人若发现圈套或陷阱，自然避绕而行。比勒达将约伯陷入网罗形容为"走在缠人的网罗上"。

"约伯！你不停地抱怨你所信的神，不取悦于祂，这就是等于你自投罗网，走在缠人的网罗上。"

比勒达说这番话，并非因明白灵意。那么，我们查考一下此话的灵意。

一直以来，约伯持续向神抱怨，令仇敌魔鬼撒但高兴，从而落入痛苦的深渊，越陷越深。这就是等于自投罗网，走在缠人的网罗上。

身为朋友理所应当帮助约伯免得走在缠人的网罗上。然而，朋友们实际上促使约伯自投罗网，受缠绕束缚，这便是同流合污，触犯大罪。

约伯的朋友们借神的名，利用真理的话语，激发约伯心中的恶。随意借神的名说话，是触犯十诫的第三诫——"不可妄称神的名"。

我们不能像约伯那样自陷网罗，受其缠累。那些总是不平不满，心怀恶念，意气用事的人，就是自陷网罗，自入圈套。

教会里面，圣徒之间应当互相勉励扶持，不能使人陷入更深的网罗里。我们应当为弟兄祷告，并帮助他免入缠人的网罗中。

那么，"圈套必抓住他的脚跟，机关必擒获他。"是什么意思呢？"圈套"是指诱捕动物用的装置，如捕鼠夹子、捕兽机关等。

野兽中了圈套，必然丧命。人的脚跟被圈套抓住，是指人在世上彻底沦丧。这实在是极其狠毒的咒诅。

"约伯！你自陷网罗，自取灭亡，如同圈套抓住你的脚跟一样，你必定扑倒在地，悲惨地死去。"

3. 咒诅并巴望别人倒霉的心

> "活扣为他藏在土内；羁绊为他藏在路上。四面的惊吓要
> 使他害怕，并且追赶他的脚跟。"（18章10-11节）

将活扣藏在土内，是出于诱捕的目的。人们设置陷阱的时候，也是先挖坑，然后其上铺草或铺薄薄的一层土来掩饰，伪装得不留痕迹，使野兽或人的脚踩在其上，立刻陷入坑中。

这里"活扣"表示约伯将要受苦折磨。勒住约伯的活扣藏在土内，是指为约伯所预备潜藏的大隐患。

这里"羁绊为他藏在路上"是指在约伯的前程有埋设的陷阱，约伯注定要遭遇大难，以至灭亡。比勒达说约伯不久就要中圈套，落入网罗。并且说活扣为他藏在土里，这无异于胁迫、威吓之言。

比勒达不认为自己在胁迫约伯，但他忌恨约伯的心，就以这种形态表露出来。

大家若有一个憎恨的人，会不会希望他遭难呢？当你因着某个人事业不景气，或受冤屈时，有没有心里希望他遭殃呢？

神差遣自己的独生爱子，为我们的罪作了挽回祭。尽管如此，因信得救的我们若不解决我们里面的罪的问题，心里依旧存着恶，那么神将采取怎样的方法来改变我们呢？

为了使我们变成神完全的儿女、为了用主的宝血洗净我们，神

就采取熬炼的方式造就我们。通过熬炼，我们会恳切向神祷告，醒悟自己的罪、并悔改归正，作一个新造的人。如果我们里面存着像约伯或约伯朋友们那样的属性，就应当迅速将其离弃净尽。

第11节说："四面的惊吓要使他害怕，并且追赶他的脚跟。"这是比勒达宣泄自己的反感情绪，继续咒诅约伯的情形。

比勒达咒诅约伯说：你将来的处境将是四面楚歌，令你惊吓的事必要接踵而至。这是何等恶毒的心啊！

4. 当人心中根本的恶显露的时候

"他的力量必因饥饿衰败，祸患要在他旁边等候。他本身的肢体要被吞吃，死亡的长子要吞吃他的肢体。"（18章12-13节）

这里所谓"力量"是指约伯从前将富贵、财物、名声、智慧集于一身的状态。

所谓"饥饿"并非指由于饥荒导致的饥饿。

乃是指约伯失去了儿女，毕生的成果毁于一旦，也指约伯由于彻底败落，他的"角"，即其自尊心、骄傲等被毁掉，化为乌有。

"约伯！你要看自己的光景，你的力量因饥饿衰败，你所要面对的只有灾殃。"

比勒达在嘲弄因遭难而悲伤的约伯，给他痛上加痛。

第13节所谓"他本身的肢体"从灵意上讲，是由约伯的"精气"而成的一切。是约伯的身体、儿女、环境和条件，以及他毕生之业绩的统称。

还有"死亡的长子"是指超越一般死亡之苦的那种极其残忍痛苦的死亡。"死亡的长子要吞吃他的肢体"是指彻底灭绝。犹如身上的每根骨头逐一被蚕食蚁噬，肢体被千刀万剐的那种残忍至极的死。

在此我们可以看到恶的极端表现。

"约伯的朋友们实在太过分了，怎能口出这般恶毒的话呢？"这样想的人，也应当省察自己是不是跟他们有同样的性情。

这样的恶，如今这个世界上也屡见不鲜。人们互相吵架，气到头上就发恶说："你去死吧！"或者进行狂骂，往死里咒诅。尽管他们没有实际动手杀人，但这也是一种杀人行为。恶人的舌头是杀人的利器。

约伯的朋友们素来看似有知识有教养，具有良好的人品，但随着辩论激化，他们心中隐藏的根本的恶就渐渐呈现。

"他要从所倚靠的帐棚被拔出来，带到惊吓的王那里。不属他的，必住在他的帐棚里，硫磺必撒在他所住之处。"

（18章14-15节）

"他要从所倚靠的帐棚被拔出来"之意是：因倾家荡产而无容身之所。当人破产的时候，赖以栖息的房子也要被拍卖，归人所有。

接着说约伯要被"带到惊吓的王那里"，这里"惊吓的王"并非指鬼王或路西弗，而是指恐怖的阴影越发笼罩之状态。

也就是说"惊吓的王"是针对极度恐惧之状的一种隐喻。比勒达是在讥讽约伯的心越发被恐惧的阴影所笼罩。

那么，我们查考一下这种恐惧所派生的现象都有哪些。

其一是像约伯那样进行辩驳的情况。

人们进行辩驳的原因是：因自己的人格被藐视，或恐怕自己的无能被人发现，或因认为自己被人误解。他们由于惧怕，跟人辩白，进而与人对抗、争闹。

其二是作茧自缚。

对自己不诚实，懒惰、无能，或没有守住自己的本分时，人会感到惧怕。若不从这种状态中回转，便越陷越深，最终被恐惧的阴影完全笼罩。

人有惧怕，是因为有隐秘的事和过错。活在真理里面，诚实无伪的人是没有惧怕的。没有惧怕的人，喜欢受人指点和责备，所以不会为自己辩白。

第15节说："不属他的，必住在他的帐棚里，"是表示约伯从他的帐棚中被拔出来，由别人取代约伯。也就是说：约伯落得家破人亡，倾家荡产，就有别人取代约伯的地位，约伯如同一颗连根枯干的树木，绝了一切的盼望。这是极为狠毒的咒诅。比勒达还说"硫磺必撒在他所住之处"，意思是：约伯仅剩的一些微乎其微的指望，也都被烧成灰烬。

> "下边，他的根本要枯干；上边，他的枝子要剪除。他的记
> 念在地上必然灭亡；他的名字在街上也不存留。他必从光
> 明中被撵到黑暗里，必被赶出世界。"（18章16-18节）

比勒达最终以树木的比喻总结上述的对约伯的咒诅。

根是树的生命之本。根若枯干，树必死亡，再加上枝子被剪除，便被彻底灭绝了。

我们平安稳妥的时候，难以发现自己心里的恶。然而，遇到试探患难的时候，就能发现自己心里污秽、丑陋的罪恶。一盆泥水放久了，渣滓沉淀盆底，水变得清澈透明，但一经晃动，即刻恢复原状。因此，要得到真正清透的水，必须要滤掉污泥渣滓。神就是在约伯身上进行这样的工作。

比勒达说约伯要彻底灭亡，他的根要枯干，枝子被剪除，一切都归为虚空。包括他的名声等可留存于后世的一切都将与他的死一同被埋葬，归为无有，不留任何纪念，永远从人们的记忆中消失。

第18节说"他必从光明中被撵到黑暗里"是指死亡，一切指望都落空；"必被赶出世界"是指约伯将离开人世。比勒达以"被赶出"来形容约伯将来的死非同寻常，借以表示约伯由于居心邪恶，从而落入网罗，被世界和环境所厌弃。

例如：人们走投无路的时候，往往说"我是被世界所遗弃的人。"这样的话只有被逼到绝路的人才说，可是比勒达却毫无顾虑地说出这样可怕的话。

> "在本民中必无子无孙；在寄居之地也无一人存留。以后来的，要惊奇他的日子，好象以前去的，受了惊骇。不义之人的住处总是这样；此乃不认识　神之人的地步。"（18章19-21节）

这里比勒达说约伯要断子绝孙。他在咒诅约伯说：属于约伯的一切，都要被连根拔除，消为无有。

我读约伯记的时候，设想我是约伯时，眼泪不禁流了下来。朋友们看到约伯悲惨的处境，不仅不安慰他，反而以恶言恶语辱骂诅咒他，此时约伯的心该是多么伤痛啊！

如果你们的朋友以这样的恶行对待你们，那么你们会是什么样的心情呢？比勒达说约伯遭受巨大灾难，将成为苦难的代名词，他的经历令后世的人闻之惊骇。比勒达正在警告约伯将来的遭遇会更加凄惨。

比勒达说约伯落入悲惨的地步，乃是由于他不义、不认识神的缘故。其实比勒达也是对神懵懂无知。

第十九章

约伯的烦恼和焦躁
——显露更深层的恶

1.不要用言语压碎别人

2.约伯凡事归咎于神，为自己辩护

3.属肉的爱与属灵的爱的区别

4.诡诈而怯懦的心

他把我的弟兄隔在远处，使我所认识的全然与我生疏。（19章13节）

1. 不要用言语压碎别人

> "约伯回答说: '你们搅扰我的心, 用言语压碎我, 要到几时呢? 你们这十次羞辱我, 你们苦待我也不以为耻。"（19章1-3节）

约伯说"你们搅扰我的心", 是指朋友们烦扰折磨他。约伯之所以忧苦愁烦, 其实是由于他极力驳倒折服朋友们的缘故。每次约伯话音一落, 朋友们就为了使约伯屈服而想出更多的比喻谴责和咒诅约伯, 毫无保留地推翻约伯的话。

当对方说话不合自己的想法时, 人们往往寻找反唇相讥之词, 力图驳倒对方。不论信神的人还是不信神的人都普遍存在这种心理。我们不应该用言语压碎别人。人之所以这么做, 是抱怨对方不了解自己, 或者压根就没有想让对方了解的意图。

我们不能藐视对方, 或用言语驳斥、压碎别人。反驳别人的话, 只会使对方逆反情绪加深。有爱心和德行的人, 则努力在凡事上叫人心悦诚服。

第3节里, 约伯说: "你们这十次羞辱我, 你们苦待我也不以为耻。"这里所谓"十次"意味着朋友们屡次羞辱约伯。

约伯的烦恼和焦躁——显露更深层的恶

"我一直容忍你们，你们却不停地咒骂、羞辱、虐待我也不以为耻。我是无辜的，我由于被神击打，已患病在身，体无完肤，你们却还毫不留情地羞辱我，苦待我。你们若有良心，就应当对你们的行径感到羞耻。"

约伯自以为义，自以为无辜陷入痛苦的泥潭中。因此，他觉得朋友们对待他的态度实在太过分，于是力图叫他们醒悟到自己可耻的行为。

约伯素有仁义之心，所以看到自己行仁义之事，而别人不行，就对其进行劝勉。如果对方不领受，他就心生亏欠之意。

然而，在约伯看来朋友们却不像他。他们厚颜无耻，一味地谴责他这"无辜"的人，怎么却不感到亏欠和可耻？

"果真我有错，这错乃是在我。你们果然要向我夸大，以我的羞辱为证指责我；就该知道是神倾覆我，用网罗围绕我。"（19章4-6节）

这里约伯说"果真我有错，这错乃是在我"是什么意思呢？约伯一向主张自己是清白无辜的，但在这里约伯承认自己有错。其实这是因朋友们强词夺理，胡搅蛮缠所导致的无奈之举。然而，他肯定对方之言的目的是要重新发动攻势，就如："就算我有错吧！可你们究竟有多么的清白？有多么的正义？"

那么，约伯说"你们果然要向我夸大，以我的羞辱为证指责我"是什么意思呢？

约伯说朋友们在夸大其词，吹嘘炫耀。约伯认为自己从未做过任何一件可耻的事，然而他说："我是可诅可咒的恶人，正如你们所指责的；可你们若是公义的人，就请你们可以显出你们的义举，来证明我的可耻。"所谓"羞辱"是指不可告人的过犯。

我们应当杜绝辩论。辩论的双方，各执己见，互不相让，或者对方对，或者双方都不对。由于辩论，容易产生负面情绪，就会彼此揭露对方的过错。

辩论的时候，人们常用这种手段：向对方贯彻自己的观点，要是对方不领受，于是就装作向对方屈服，回过头来揭露对方的过犯或过错，用浑身解数贬低对方。现在约伯的心态就是如此。这样的恶，我们应当从心里除去净尽。

在牧会的过程中，我们在教会里面也能发现具有这种心态的人。在那些教职人员或者为首的工人中有这样一些人：他们在作工的时候，如果自己的意见或观点不被人采纳，就闹别扭，或赌气："等着瞧，看你们能有什么好结果。"就这样冷眼旁观，不肯协助配合。

这样的心态是恶中之恶。身为神的工人，因自己的意见不被人采纳，就对圣工的热心变得冷淡，不配合他人的工作，这是何等邪恶的居心呢？

有的人在暗地里对别人说长道短，揭露其过，这在神看来是极其可憎的恶。这样的心是属于魔鬼的心，是撒但所喜欢的心。因此，人若有这样的心，哪怕是做禁食祷告，也要将其离弃净尽。

2. 约伯凡事归咎于神，为自己辩护

第6节说："神倾覆我，用网罗围绕我。"我们查考其中的含义。

约伯声称神倾覆他。"倾覆"包含着倒下；使之失败之意。约伯借以表示自己不情愿地屈服于神。约伯一直认为自己是对的，不肯屈服于神，但此时迫不得已向神"屈服"。尽管如此，他仍理直气壮地对朋友们说："难到你们是义人吗？我如今丧失权柄，无能为力，受人屈辱，是由于神强行倾覆我的缘故。"就这样，约伯言辞激烈地埋怨神，将自己悲惨的遭遇全都归咎于神。

捕鸟或捕鱼需要设网罗，捕获野兽则需要设圈套。约伯的言中之意是：神为了捕获约伯而设置网罗，使他落在其中，束手就擒，被迫屈服。约伯是在朋友们面前为自己辩护。

约伯由于自身的恶而落入了网罗。如今也有很多人处在类似的情形中。他们虽因自己违背律法而受痛苦，却抱怨别人，埋怨教会，甚至向神发怨言。

例如：人若因自己的失误导致破产或被人诈骗，理当反省自己的欠缺或过错，然而大多数人遭遇这种情况时却将一切归咎于他人，痛恨那行骗的人。

有的人房屋遭到强制拆迁，不抱怨政府、国家，反倒埋怨神，将此事归罪于神。平时不信神的人也在此时埋怨神，这是何等可笑的事呢？

> "我因委屈呼叫，却不蒙应允；我呼求，却不得公断。 神
> 用篱笆拦住我的道路，使我不得经过；又使我的路径黑
> 暗。"(19章7-8节)

约伯说："我因委屈呼叫，却不蒙应允。"约伯由于极其痛苦难过，从而无从理解自己所遭遇的巨大灾难，他说："我呼叫，却没有应允；我呼求，却得不到公断。"

当人们遭受像约伯那样的试炼时，不埋怨神的人会有几个呢？

遇到这样的事，埋怨神，离开神的可能大有人在。

这里所谓"公断"是指伸冤。约伯是在痛惜呼诉自己受极大的冤屈却无人为他伸冤。

我们应当省察自己是否跟约伯一样。约伯不蒙应允的原因是不认识自我。

"你们举手祷告，我必遮眼不看；就是你们多多地祈祷，我也不听。你们的手都满了杀人的血。你们要洗濯、自洁，从我眼前除掉你们的恶行；要止住作恶，学习行善，寻求公平，解救受欺压的，……

'你们来，我们彼此辩论。你们的罪虽象朱红，必变成雪白；虽红如丹颜，必白如羊毛。你们若甘心听从，必吃地上的美物，若不听从，反倒悖逆，必被刀剑吞灭。'"（以赛亚书1章15-20节）

"耶和华的膀臂并非缩短，不能拯救，耳朵并非发沉，不能听见。但你们的罪孽使你们与神隔绝，你们的罪恶使他掩面不听你们。因你们的手被血沾染，你们的指头被罪孽玷污；你们的嘴唇说谎言，你们的舌头出恶语。"（以赛亚书59章1-3节）

我们的祷告不蒙应允的原因是：与神之间有隔断的罪墙。神向我们承诺：只要我们认罪痛悔，改邪归正，祂必洗净我们全罪。

那么，约伯怎样才能蒙应允呢？

约伯若醒悟自己根本的心，信靠无所不能的神，欢喜感恩，并且祷告神，必然得到神的祝福。然而，恰恰相反，他一边不平不满，呼诉自己的忧愁和痛苦，一边向神祈求，理所当然得不到神的应允。

就真理而言，我们在苦难中也应当信靠神，喜乐，祷告，谢恩。然而，约伯却反而绝望、哀号，并且极力为自己辩白，怨天尤人，故而不蒙应允是必然的结果。

那么，我们查考第8节"神用篱笆拦住我的道路，使我不得经过；又使我的路径黑暗"的含义。

这里的"路径"是指捷径，约伯说他的路径被黑暗所遮蔽。

约伯说神拦住他的道路，那么约伯的道路是什么样的道路呢？

约伯曾经田产丰盛，锦衣鼎食，资财丰厚，享受天伦之乐。他有一颗属善的良心，时常周济众人。神拦阻约伯的就是这些属肉的事，为的是要使约伯成为属灵的人。

约伯是说自己正走在通向美好生活与未来的捷径时，神却用黑暗遮蔽这一路经，使他倾家荡产，儿女夭折，遭妻子和朋友唾弃。也就是说：他一切的欢乐都成泡影，神把他置于黑暗和死亡中，使他极其痛苦。

> "他剥去我的荣光，摘去我头上的冠冕。他在四围攻击我，
> 我便归于死亡，将我的指望如树拔出来。他的忿怒向我发
> 作，以我为敌人。"（19章9-11节）

"冠冕"是配于帝王御服的帽子。"荣光"是指辉煌的名誉或光明。那么，"祂剥去我的荣光，摘去我头上的冠冕"是什么意思呢？

约伯因着富有，给许多人带来安慰，成为众人的骄傲，而且得

到众人的喜爱，这便成为约伯的荣光。约伯这里声称神剥夺了他拥有的这一切，使他一无所有。

冠冕代表着权柄。约伯表示：就像帝王头戴冠冕一样，我曾经资财丰盛，享有权柄，然而，神夺走了我一切财物，我的权柄便化为乌有了。

我们由此可知，约伯从人得的荣光和权柄，并非出于他的德行，乃是出于他的富有。从约伯的告白中，我们可以得知，当人失去财富的时候，他曾经的尊荣是何等虚空无益。

约伯说："他在四围攻击我，我便归于死亡"。如今，很多人认为人若没有权柄和财富就等于死尸。然而，我们人生的价值并不在于拥有多少财富、权柄或名誉。

路加福音16章记载财主和拉撒路的比喻。有一个财主，天天奢华宴乐，但他不认识神；而一个名叫拉撒路的乞丐手里拿着破碗，在财主门前乞讨，但他是敬畏神的。如果要在这两者中选一，你要选择怎样的人生呢？当神要其灵魂时，财主只落得个下阴间受苦；讨饭的拉撒路则被安置在上阴间，进入亚伯拉罕的怀里（路加福音16章19-31节）。凡属灵眼睛打开的人，一定会选择像讨饭的拉撒路一样，敬畏神，进天国。

第10节说"将我的指望如树拔出来"。约伯的指望是他所成就的一切。但这一切都被毁于一旦，于是他说神将他的指望如树拔出来。根基不牢固的树木，会轻易被人拔掉的。

约伯的指望是在儿女和物质等属肉的方面。我们应当借以醒悟属肉体的人生是何等虚空和愚妄，从而要正确认识神，成为属灵的人。

第11节说："他的忿怒向我发作，以我为敌人。"约伯因着自己所遭遇的痛苦和绝望，就声称神的愤怒向他发作。又因认为神使他遭遇这般巨大的苦难，所以向神宣泄自己的愤恨。

人与人之间反目成仇的时候，哪怕是见到对方的面容，听到喘息的声音，连眼神相碰，都会气得打哆嗦，甚至产生杀意。仇恨的心是人心中最大的邪恶之一。满有慈爱的神教导我们要爱仇敌。可是约伯却说神以他为仇敌，实在令人啼笑皆非。

"他的军旅一齐上来，修筑战路攻击我，在我帐棚的四围安营。"（19章12节）

"修筑"的意思是：修缮被毁坏的建筑，使其牢固。那么，神的军队何时修筑战路攻击约伯呢？

这里所谓"军旅"并不是指实际的军队，乃是指约伯的朋友们。约伯说他的朋友们是"军旅"，可见他们折磨约伯的程度非同一般。

这就像人们说某某人像个老虎，某某人像个野兽一样残暴。

约伯借以对朋友们向他厉声呵斥表示强烈不满。

这里"修筑"并非指实际修筑战路、修缮房屋或补修堤防。而是指朋友们不停地挑他的错，说"这个错了，那个也不对。"纠正约伯的话和意图。

因为他认定神视他为敌人，所以认为神通过朋友们不停地更改他的道路、意图和言辞等。

接着说"修筑战路攻击我，在我帐棚的四围安营。"这是指朋友们对他四面围攻。约伯借以这般刻毒的形容，将朋友们的过错全都归罪于神。

3. 属肉的爱与属灵的爱之区别

"他把我的弟兄隔在远处，使我所认识的全然与我生疏。我的亲戚与我断绝，我的密友都忘记我。在我家寄居的和我的使女都以我为外人，我在他们眼中看为外邦人。我呼唤仆人，虽用口求他，他还是不回答。"（19章13-16节）

我们可以充分理解约伯当时凄惨而艰难的处境。孤独和痛苦的阴影越发笼罩他的身心。

在他曾经享受富贵荣华，丰衣足食的时候，被人们称颂为义人，因为他能给别人带来盼望。

他满有父爱，时常带着儿女们向神献祭。然而，属肉体的爱，毕竟都是建立在求己益处的基础上，因此其结局是悲惨的。凡属肉的事都是要改变的，具有不合自己的利益就背叛的属性。

约伯说弟兄相隔遥远也是神所造成的；而且，他遭到亲戚朋友们的厌弃也是出乎神。

约伯曾是个富翁，当然仆婢繁多，来往的人也很多。可是现在约伯的使女们却待约伯如外人。约伯借以"我在他们眼中看为外邦人"来形容使女们轻慢他的程度。

本该好好服侍主人的仆婢们，竟对约伯的呼唤，理都不理。约伯必须低声下气地求他们，他们才勉强听他的，那也是在高兴的时候。

可想而知约伯当时的痛苦和悲伤是难以用言语来形容的。约伯资财丰盛的时候，款待过许多人，并且施舍钱财，周济穷人。朋友们也曾得到约伯的许多帮助，因此当约伯在病患中的时候，他们也来探望他。

约伯向来恩待他们，故而能够对他们说这样的话。然而，约伯却没有得到他们任何回报，反而只受他们蔑视、凌辱和讥诮。

那么，为何所有的人都离开约伯呢？

我们施舍钱财，也要在真理里面做。凡事照着属灵的爱去做，才是完全的。约伯富有的时候，时常帮助软弱的人，给众人带来希望，但因所付出的是属肉体的爱，所以遭难后，弟兄们和亲朋好友都离开了约伯。

哥林多前书13章说：爱是恒久忍耐，又有恩慈，求别人的益处。约伯如果对弟兄们付出这般属灵的爱，而且其行为也不是形式上的，而是属灵的行为，那么弟兄们是不会离开约伯的。约伯也不会被别人厌弃，反而会从他们得到帮助。

人与人之间彼此施受的时候，或许当时会觉得感恩，但过一段时间就会忘掉。

约伯现在口中宣泄不平、抱怨，正是他富有的时候没有将属灵的爱施与人的明证。

《圣经》上彼此分享属灵之爱的例子，非大卫和约拿单之间的爱莫属。约拿单的父亲是以色列第一任国王扫罗，大卫是其臣仆。大卫出兵征战，屡战屡胜，深受百姓拥戴，这便引起了扫罗王嫉妒和憎恨，以至蓄意杀害大卫。

"约拿单因爱大卫如同爱自己的性命，就使他再起誓。"（撒母耳记上20章17节）

约拿单虽然早知大卫将来要登基作王，其父将要败落，但他不仅没有杀害朋友大卫，反而冒着性命保护大卫。由于两人相爱是出于属灵的爱，从而大卫登上王位之后，终身保守约拿单的儿子米非波设，使他常与王同席吃饭，对其施爱有加。

> "我口的气味，我妻子厌恶；我的恳求，我同胞也憎嫌，连
> 小孩子也藐视我。我若起来，他们都嘲笑我。我的密友都
> 憎恶我，我平日所爱的人向我翻脸。"（19章17-19节）

约伯说"我口的气味，我妻子厌恶"，是指妻子厌恶约伯在她
身边。既然连妻子都憎嫌自己的丈夫，何况他的同胞呢？这里"同
胞"不是指同一个民族的百姓，而从灵意上讲是指曾与约伯同呼
吸，共命运，心连心的人们。然而，当约伯遭难的时候，不仅他的
妻子，连那些曾经肝胆相照的朋友们都向他翻脸。

我遇见神之前病了七年，但我的妻子没有嫌弃我。我卧病在
床的时候，我妻子一边照顾我，一边吃苦耐劳，担负家长的重担，
拼力维持家庭。然而，我的病情丝毫没有好转的迹象，反而越来越
严重，希望渺茫，前景黯淡。不过，我在病患中的时候，妻子没有
跟我离婚，然而病得医治之后倒被妻子所厌弃。

我对其原因一直不解，但当神透过圣灵的感动向我解释《约
伯记》的时候，也向我解释了其根由。

我对妻子的爱是发自真诚的，对她我无所隐瞒。在我们结婚
之前，因妻子的失误，我的大学学费付之东流，我便无法读大学，

只好就业谋生。尽管如此，我从未抱怨过妻子，无论遭遇到任何环境，也从未对妻子心生厌恶，或因妻子而感到难过。

从我内心深处涌现的真诚，打动了我妻子的心，因为真诚与真诚是相通的。这就成为妻子为我做出牺牲的动力。如果我不诚实，或有不对的一面，妻子也必厌恶我"口中的气味"，甚至到离婚的地步。

妻子每当觉得现实十分艰难的时候，像口头禅似地说："若我现在跟你离婚，人们会说我是坏女人，离弃她有病的丈夫。所以现在我不要跟你离婚。不过等你病好了，我一定会跟你离婚。"她的这话就成为自己的网罗，招致仇敌魔鬼撒但的亵渎。我遇见神，病得痊愈之后，我们夫妇勾勒未来美好的蓝图，过着幸福的日子。但在我父亲的生日那天，事情就发生了。

我的妻子误解我的老母亲好心劝她的话，以为婆婆是把我曾经生病的原因归罪于她，便恼羞成怒，跑出家门。我就这样被妻子抛弃了。

而后，妻子回心转意，又回来了，我们破镜重圆，开始新的生活。在这过程中，我发现妻子火爆的性格不见了，变得温良柔顺。原来神使万事都互相效力，使爱祂的人得益处。

第18节里，约伯说连小孩子也藐视和嘲笑他。接着在第19节说："我的密友都憎恶我，我平日所爱的人向我翻脸。"

这里所谓"我平日所爱的人"是指约伯的朋友们或约伯的妻

子，或亲戚、邻舍和同胞。由于约伯继续发泄不平不满的情绪，无视朋友们的立场，坚持辩论，致使周围的人情绪激化，甚至憎恶约伯。

在我们身边也能发现约伯的例子。比如说：有一个人，他曾经给许多人带来帮助，但后来破产了。

那么，以前他帮助过的人会对他说这样那样的劝言。此时他只怀念自己过去的地位，觉得不顺心，就心里想："你算什么，竟这样对我指指点点？你以前得到我的帮助，不就是因为我各方面都比你强吗！"就这样排斥对方的话。

此时，进行劝勉的人会觉得不服气，心想"你都已经身败名裂了，还是这样目中无人！"两人甚至会从此反目成仇。

当一个曾经恩待自己的人破产了，人们往往会出于好心对他进行劝勉，可对方却不屑一顾，不肯领受。按理说，尽管这样，也不应该对曾经恩待自己的人感到不满，而应当"滴水之恩，涌泉相报"，可是大多数人的心却不这样。

"我的皮肉紧贴骨头，我只剩牙皮逃脱了。我朋友啊，可怜我，可怜我！因为神的手攻击我。你们为什么仿佛神逼迫我，吃我的肉还以为不足呢？"（19章20-22节）

此时的约伯已是皮肉干瘪，紧贴骨头。没完没了的辩论，使他情绪翻腾，无论吃什么都不得消化。毒疮遍布他全身，患处裂而又合，合而又裂，裂口还渗着血。

虽然约伯的皮肉紧贴骨头，但他的牙皮还残留，所以还能说话。全身枯廋干瘪，可见他其间的痛苦与悲伤极大极深。

约伯向朋友们诉苦说：我如今落到这般惨境是由于神的手攻击摧毁我，所以朋友啊，你们应当可怜我，体恤我！

如果一个陷入患难的人对我说："牧师！我因受神的击打而遭难，求你可怜我吧！"对这样的人，我能可怜他吗？明明是因着自己的过错而遭遇了试探和患难，却将那一切归咎于神，这样的人，我们怎能可怜他呢？当然，我们可以对他说"我很怜悯同情你。"可是这样的话又有什么益处呢？我们即使可怜他，他的问题也是得不到解决的。

从这个情节中，我们可以得知约伯是何等属肉体的人。因为他属乎肉体，所以渴望得到别人对他肉体上的怜悯和同情。

第22节里，约伯说更为令人啼笑皆非的话：

"你们岂不知我落入这般苦境，并不是由于我的错，乃是神击打我的缘故吗？难道你们也要模仿神的作法来逼迫我吗？"约伯把朋友们的劝言当作逼迫，他说自己皮肉干瘪是由于遭朋友们的攻击和逼迫。

朋友们对他说的话，他听不进去，反而恼羞成怒，故此他认为朋友们在逼迫他，心里痛苦难过，身体自然受损枯廋干瘪。于是约伯加强语气，以"朋友们吃我的肉"来形容自己这种痛苦的心境。

如果，我们的心若变得像棉絮一般，身体就不会枯瘦了。

我们应当查验自己的心是否像水泥一般坚硬。如果有人说诬陷你的话，或作假见证陷害你，惹动你，你将做出怎样的反应呢？如果怒火中烧，忍无可忍，去找对方讨回公道，理论一番，而且气愤难消，彻夜难眠，自然耗得身体消瘦，这样的人，应当知道自己的心像水泥一般坚硬。

棉絮能够温和地将迎面相击的石头抱在怀中，毫无声息。人若拥有棉絮般的心灵，就不会与任何人产生摩擦。即使是心里刚硬如岩石的人攻击他，他也会以爱心和德行包容他，故而不会发出任何不和谐之音，更不会使身体消瘦。

我们不能说给人带来痛苦的话，我们不能成为使人消瘦的人。约伯说他因难以承受朋友们的话而身体枯瘦，可是朋友们却还不停地对他说话，这有何用处呢？

约伯如果领受朋友们的话，承认自己的错，就不至于搞得身体枯瘦，反而问题早就得到解决，可是因为不肯领受，所以导致身亏气丧，身体枯瘦。然而，不考虑对方的感受而不停说教的人，也是同恶相济。

因此，我们应当成就棉絮般的心灵，作一个落地麦子，把自己摆在死地，这样，我们所到之处便会像天国一样和平；家庭、职场也会成为福音化，归荣耀于神。

"惟愿我的言语现在写上，都记录在书上；用铁笔镌刻，用铅灌在磐石上，直存到永远。我知道我的救赎主活着，末了必站立在地上。我这皮肉灭绝之后，我必在肉体之外得见神。"（19章23-26节）

"铁笔"是刻印刀的别称。以其用刀代笔，故名。也指刻写蜡纸用的笔。

约伯说他恨不得现在就把自己遭遇的事全都写在书上，但他觉得书本容易被磨损或撕毁，便又说要镌刻在磐石上，就可以直存到永远。借以表述自己遭遇悲惨处境的极大痛苦与悲哀，以及惟愿将自己的经历记录下来的充满怨恨的心境。

大家过去不信神的时候，当觉得自己受了冤屈时，是否说："谁能理解我的冤屈？天也不知道，地也不知道！我的冤屈该记录在何处呢？"

人之所以说这样的话，是因为心里有恶。我们受冤屈的时候，只要忍耐等候，向神交托仰望，神必使万事都互相效力，使我们得益处（诗篇37篇5节）。因此，那些都不必记录下来，也不必留存。

第25节里，约伯说"我知道"，并非表示确知，乃是包含着"据我所知"之意。

坚实的信心和不坚实的信心有着巨大的差别。没有确信的人，对神半信半疑，与世俗为友，犯罪作恶，放荡度日。

第26节里，约伯说："我这皮肉灭绝之后，我必在肉体之外得见神。"这个道理乃是约伯从别人口中得知的。

不信神的人也会说"上天不公平"、"上帝对我不仁"或说："我毕生向善，应该能上天堂。"这些话实系浮言虚词，不过是自我安慰罢了。

4. 诡诈而怯懦的心

"我自己要见他，亲眼要看他，并不象外人。我的心肠在我里面消灭了。你们若说，我们逼迫他，要何等地重呢？惹事的根乃在乎他。你们就当惧怕刀剑，因为忿怒惹动刀剑的刑罚，使你们知道有报应(原文作"审判")。"（19章27-29节）

约伯其间从别人口中了解神，并且服侍神，所以现在他不能把神当作外人看待。从前约伯尽心尽力侍奉神，可是现在他埋怨神、贬低神为坏神，对神不平不满，将来还有什么脸面见神呢？

一想到将来见神时的情形，约伯深感痛苦，心里焦躁不安。

第28节是难解经文，约伯在这里阐述一个假设。这里所谓的"他"是指着神说的，或许也是指着约伯他自己说的。现在约伯的朋友们在彼此谈论约伯的事，为了折服约伯继续发话攻击他。

一直以来，约伯的朋友们主张惹事的根在乎约伯。然而，约伯不承认朋友们的说法，一直主张他遭难是神无故击打他的缘故，并深感委屈。他希望神向他屈服，并将一切的事归咎于神。

在此我们可以发现这样一种情形：约伯的朋友们将一切错误都归罪于约伯；约伯则凡事归咎于神。

约伯费尽口舌企图说服朋友们，但毫无果效，便心急如焚，就使用更高深的手段对付朋友们：他拿朋友们作假设，用巧妙的言语，在躲避别人攻击的同时，责骂神和朋友们。

我们面对负面的结果，不能将责任推卸给别人，也不能对人进行臆测或论断。然而，约伯将自己遭难的原因归罪于别人，经常揣度别人，谴责神和他的朋友们。

约伯能这样做是因他有丰富的知识，但我们决不可因我们的错误所导致的后果归咎于别人，给人带来痛苦。一人做事一人当，不可把责任推卸给别人，否则便是一种卑懦而诡诈的心。

第29节里，约伯以"忿怒惹动刀剑的刑罚"做一个总结。此话本身就是条真理。人们打架、行暴力、杀人都是由于忿怒所引发的。约伯说忿怒会招致刀剑的刑罚，即招致审判。约伯用这种充满威胁和咄咄逼人的暗示，对自己的发言下了一个结论。

意思是：你们忿怒伤害我，必遭报应，受到审判。忿怒对人毫无益处。神是审判主，无论是善是恶，神都必审问。约伯正在用这样的话，威胁朋友们。

即使是对方向我们发怒，甚至吐唾沫在脸上，我们也不能威胁他。我们当效法耶稣的行为。祂受鞭打，头戴荆棘冠冕，被钉十字架，受到苦难，却仍向神祷告说："父啊，赦免他们！因为他们所作的，他们不晓得。"

司提反执事在传福音的时候，被众恶人乱石击打而死去的时候，也向神祷告说："主啊，不要将这罪归于他们！"

属真理的人，即使对方恶待自己，也不会威胁对方，反而会宽恕他，并为他祷告。我们不能以恶报恶，威胁对方，同流合污。

第二十章

恶人和不敬虔之人的结局
——琐法的第二次辩论

1. 不要急躁

2. 查验己心

3. 恶人和不敬虔之人的结局

4. 摒弃负面情绪

天要显明他的罪孽，地要兴起攻击他。他的家产必然过去，神发怒的日子，他的货物都要消灭。
（20章27-28节）

1. 不要急躁

> "拿玛人琐法回答说:'我心中急躁,所以我的思念叫我回答。我已听见那羞辱我责备我的话,我的悟性叫我回答。'"(20章1-3节)

约伯由于埋怨神,当他想象将来见神的情形时,就觉得痛苦。

约伯曾说过"我的心肠在我里面消灭了。"(19章27节)但他的这种心境和琐法的急躁心情是有所区别的。琐法心情急躁的原因是:他对自己与朋友一起谴责约伯感到惭愧。

人们普遍对自己说的话不负责任。然而,持有属善之良心的人会对此感到惭愧,但也有的人则漫不经心。

人不履行自己的承诺时,往往会失去自信。此时人会感到急躁,并感到惭愧。

他们如果闭口不言,结束辩论,就不再发展成惭愧的事了,但琐法和朋友们却变本加厉地用恶言攻击约伯,试图借以抵消自己急躁的情绪。

从第3节的内容中,我们可以得知琐法心中急躁的原因。

琐法说:"我已听见那羞辱我责备我的话,我的悟性叫我回答。"琐法之所以心中急躁、自己责备自己,是因为他受到良心的谴责；他感觉到自己与朋友们对约伯说的那些话是非常可耻的。因为他觉察到自己也跟约伯那样，未能履行自己说过的话。

琐法一直与朋友们合伙谴责约伯，对此他感到内疚。可以看出，在约伯的三个朋友中，惟独他尚存一点良心。

他说"我的悟性叫我回答。"我们用真理去分辨此话，便能得知这样的一个道理：心中急躁的人即便用悟性说的话也都是不真实的。

一个能说不能行的人，如果他还尚存一丝良心，那么他在劝勉和开导别人的时候，就会受到良心的谴责。由于这个缘故，这类人在受人责备时，会极力为自己辩护。

那么，在此种情形下，琐法的反应如何呢？

他因自己所说的话而感到扎心，而且约伯的话更是刺扎自己，他就找借口为自己辩护，用更多的话攻击约伯，试图扭转窘迫的局面。

在我的牧会生涯，我也看过很多类似的情形。当我对有些人的错误进行规劝的时候，他们不悔改归正，反而极力为自己辩白。他们若是领受劝言，悔改归正，那么没过几个月，他们一定会成就真理的心，然而他们没有那么做，实在令人惋惜。

他们由于不肯离弃诸般非真理的心，如：不喜欢受人指教的心、包装自己的心、诡诈、狡辩、求己益处等，所以即使信了很长时间，也不能改造自己的心灵。

人心中急躁的原因是由于良心受到谴责，要找借口为自己辩护。

当有人用刻薄的话刺伤你的时候，你是否会心里急躁，思绪烦乱："我怎样才能摆脱这种困境？我找什么样的借口为自己辩白？怎样才能抓住对方的弱点和短处进行反击？"

试图用这种方式来扭转局面的人，就跟约伯或约伯的朋友们没什么区别。因为神看透人肺腑心肠，所以神必不以他为洁净。

2. 查验己心

一个真正活在真理里面的人，无论遇到何种状况，都不会感到急躁。义人答话，经过深思熟虑。我们跟人对话时，若对方的语气带着攻击性，我们最好是立刻终止对话，避免争论，保持和睦。

我们应当铭记这个道理。

人对话时心情急躁，会产生负面情绪，继而生发怒气，面红目赤，脸上的肌肉跳动，以至忍无可忍，便破口大骂，甚至拳打脚踢。这是取悦魔鬼的行为，是神极为憎恶的事。

这种性情急躁，意气用事的人，无法听到圣灵的声音。我们若要听到圣灵的声音，不能心情浮躁，心里怀有负面情绪，应当攻破肉体的意念，除净心中的恶，保持湖水般平静的心态。一个人即使多多祷告，知识上的信心很大，倘若他人意当先，也无法听到圣灵的声音。

我们若想听到圣灵的声音，必须要攻破肉体的意念。只要脱去我们心里的非真理，肉体的意念自然也随之消为无有。

当别人指出错误时，具有属善之良心的人，会立刻改过自新，或者默然不语。然而心里恶的人，则会矢口否认，强词夺理地狡辩，甚至把责任套在别人身上等，丑态百出。

尽管如此，他们仍执迷不悟，反而回顾自己绞尽脑汁想出的狡辩之言，为自己"非凡的智慧"而窃窃自喜。

如果我们挨了对方一巴掌，就还他两巴掌；对方说刻薄之言，就针锋相对，用恶言还击，却感到痛快，或觉得那是聪明之举，那么这便是我们心里有恶的明证。

听到别人一句劝言，就还他两句驳言，就感到痛快，并且看到对方一时语塞，慌慌张张的样子，就沾沾自喜，得意忘形，这种表现都是出于求己益处的邪恶的心。从真理的角度看，他们的言行是何等愚拙而冷酷无情啊！从中可以窥见他们低俗的人品和心态，并能看出其刻毒而愚妄的言行。

3. 恶人和不敬虔之人的结局

> "你岂不知亘古以来，自从人生在地，恶人夸胜是暂时的，
> 不敬虔人的喜乐不过转眼之间吗? 他的尊荣虽达到天上，
> 头虽顶到云中，他终必灭亡，像自己的粪一样; 素来见他的
> 人要说，'他在哪里呢?'"(20章4-7节)

从这一章节中我们可以看出琐法自作聪明的缘由，那就是贬低约伯为恶人。

"你岂不知恶人得势是暂时的，不敬虔人的喜乐不过是转眼间吗? 你就是恶人、不敬虔之人。"

琐法这样痛斥约伯之后，就对自己的"智言妙语"暗暗得意。

"不敬虔的人"是指品行不正的人。琐法知道约伯是博学之人，故而以"你岂不知"为话头，进行陈述。

综观记录在《圣经》中的以色列的历史，以及我国近现代史，我们可以发现一个不争的事实，那就是不敬虔之人的胜利是暂时的。琐法的这番话本身是对的，但用在约伯身上却是实属不当。

琐法的指责跟约伯的情形不对应，然而琐却仍执迷不悟，反倒觉得自己高明，殊不知自己是在弄巧成拙，这是何等幼稚而愚妄之举啊!

神的儿女，只要凭着信心活出真理善道，必蒙神赐福，在地得

享富足，在天得享永生。世人常说恶人走运，但看其末路则可知道，事实并非如此。

第6节说"他的尊荣虽达到天上"，是指恶人和不敬虔人的权柄和荣华显在世人面前，他们的名被显扬。在第7节中，琐法还提及"粪"。"粪"是人和动物的排泄物，是肮脏而发臭的无用的垃圾。琐法说约伯灭亡如他自己的粪，然而，约伯并不是像琐法所说的那种邪恶而不敬虔的人。

回顾韩国的历史，有的达官贵人貌似享受富贵荣华，要到千秋万代，可是他们好景不长，一夜间倾家荡产，身败名裂，被人辱没、弃如粪土。

他们落到这个地步，是由于平生贪得无厌，惟利是图，受仇敌魔鬼撒但的唆使，作恶多端，祸害众人，流许多无辜人的血，这是他们一生痛苦和悲伤的写照。

我们也应当要查验自己是否存有这种邪恶的心，若是发现了，就应当及时悔改归正，成为智慧人。

"他必飞去如梦，不再寻见；速被赶去，如夜间的异象。亲眼见过他的必不再见他；他的本处也再见不着他。他的儿女要求穷人的恩，他的手要赔还不义之财。他的骨头虽然有青年之力，却要和他一同躺卧在尘土中。"（20章8-11节）

凡出于负面情绪和恶念的话，都是一些把无辜的人说成有罪，无中生有，信口雌黄的浮词空言。然而，除去负面情绪，按真理而行的人，就不会犯这样的错误。

第7节说："素来见他的人要说：'他在哪里呢？'" 意思是：约伯因着他的恶，前功尽抹，不被人记念。他所做过的好事，无人缅怀，而他所行的恶事倒被人记念，向他吐痰。

第8节说"他必飞去如梦"。"梦"是虚幻的，再幸福甜蜜的美梦，一觉醒来，便也是一场空。琐法借以表示：刻毒邪恶的人，在世享受荣华富贵、名誉地位，也不过是暂时的，这些终究必然飞去如梦。

朋友们看到约伯因昔日之荣华不过是虚梦一场而悲观悔叹，就顺着恶心，论断批评约伯。可是在约伯看来朋友们是在无故责难他这个敬虔的人，便觉得冤枉和委屈。

琐法接着说："速被赶去，如夜间的异象"。一国之君，当王位被推翻时，只好弃宫逃命，隐遁深山，他曾经的富贵荣华，都要成为泡影。

"约伯！因为你是个邪恶的人，所以你的富贵荣华、安居之所也被夺走，成为虚梦一场。"

第10节说："他的儿女要求穷人的恩，他的手要赔还不义之财。"

约伯的朋友们由于恼怒，就拿与约伯无关的事，侮辱约伯。"他的儿女要求穷人的恩"是指邪恶而不敬虔人的儿女要求得到穷人的恩。我们从《圣经》中可以看到：邪恶的扫罗王或亚哈王的儿女，其末路极为悲惨。

这里所谓"穷人"，并非指没钱的人，而是指名誉和权势相对低下的人。意思是：邪恶而不敬虔的人，反而要求得到这种意义上之穷人的恩。

例如：治国的君王或总统，改朝换代之后，求以前部下的恩，就是等于"求穷人之恩"。我们可以看到这样一种情形：一国之总统，由于爆出腐败丑闻而被迫下台，那么他就要求穷人的恩，不得不将其间所聚敛的财富，全都交出来。

约伯曾经对别人行善，可是现在他的立场完全变了，反而被朋友们定罪，其痛苦如同身上的肉被啃噬。

约伯曾说朋友们在吃他的肉，其实是约伯他自己吃自己的肉。具有棉絮般的心灵的人，即便遭到石击，也能无声无息地将其柔抱怀中。然而，心像铁板或水泥一样刚硬的人，遭到击打时会发出刺耳的响声。

我们说话应当三思而后言。我们在点醒弟兄的错误，促其悔改归正的时候，开口应当谨慎，免得给他带来创伤。

第11节说："他的骨头虽然有青年之力，却要和他一同躺卧在尘土中。"

在我国的历史上，张禧嫔、燕山君、大院君虽曾权倾天下，但其结局极为悲惨。

"你因自己的恶而败落，昔日的繁荣昌盛一去不复返，你骨中的青年之力，消耗至尽，如同卧在尘土中的死人。"

约伯的朋友们正在用这种刻毒之言，攻击刺伤约伯。

有的人羡慕恶人的亨通，但这是不对的，因为恶人必然灭亡。

邪恶而不敬虔的人用不正当手段，敛取不义之财，或飞黄腾达，我们不应当羡慕他们。一个人即使聚敛了数亿，但若那是通过欺诈的手段得到的，那么，这对他有何益处呢？

他们唯恐钱财被盗，唯恐罪行被暴露，终日提心吊胆，惶惑不安。不劳而获的不义之财，人们不会珍视它，任意将其挥霍，以致腐化堕落，沉沦崩溃，甚至祸及其子孙后代，最终落入地狱，永受刑罚。与其如此，不如一贫如洗，虔诚度日，最终进入天国，得享永生。这才是真正有福气的人生。

4. 摒弃负面情绪

"他口内虽以恶为甘甜，藏在舌头底下，爱恋不舍，含在口中；他的食物在肚里却要化为酸，在他里面成为虺蛇的恶

毒。他吞了财宝，还要吐出，神要从他腹中掏出来。他必吸饮虺蛇的毒气，蝮蛇的舌头也必杀他。"（20章12-16节）

"他口内虽以恶为甘甜，藏在舌头底下，爱恋不舍，"是指将恶储藏，以备随时行出来。在琐法看来，约伯不仅不离弃恶，反而以恶为甘甜，备藏在舌头底下，随时宣泄。

这里所谓琐法的"恶"，是指着约伯埋怨神而言的。他的意思是：我们一直不停地责备你约伯，可你却不肯远离罪恶，反而将恶藏在舌头底下，准备随时行恶。

然而，这些朋友们倒是在以更大的恶为甘甜，藏在口中，随时行恶，却还定约伯的罪，真是令人可笑的事。

其实，约伯的朋友们比约伯更恶。然而，他们只认为约伯是恶的，对自己的过犯却始终执迷不悟。

约伯在属肉的人当中，是相对善良而正直的人，但不是属灵的人。约伯因为不知道自己错在哪里，所以固执认为自己是对的。但他若按真理来省察自己，必然会发现自己的错误。

我们常常看到这样一些人，他们认为自己的想法都是真理，就总爱拿自己的观点去指出别人的短处和过错，殊不知这是一种恶，这会造成刺伤别人的结果。

他们反而引以为乐，将恶藏在舌头底下，用以不停地刺扎对方，却不知道自己在行恶。他们认为自己是在指点对方的错误，教导人归正，但事实上却适得其反。

我们规劝别人，对方若不能接纳，就应当立刻停止，否则会给对方造成负担，或者使他灰心丧气，或跌倒。

第14节里，琐法由于不明白有关"心"或"魂"的属灵知识，便在属肉的层面上，拿食物作比喻。

琐法说"含在口中的恶，成为食物进到肚里化为酸，"这里肚子指的就是"人的心"。"恶成为食物进到肚里成为虺蛇的恶毒"，这是多么可怕的咒诅之言啊！

虺蛇是一种恐怖的致命的毒蛇。从属灵的意义上讲，"虺蛇的恶毒"意味着死亡；毒蛇是跟仇敌魔鬼撒但为同类。"虺蛇的毒"是属于剧毒，可以致人命，然而，琐法加强语气，用"虺蛇的恶毒"来形容更高强度的恶。

琐法说食物在约伯肚腹里面成为虺蛇的恶毒，借以形容约伯到了穷凶极恶的地步，是一个十恶不赦的坏人。

现在，琐法负面情绪越发高涨，便加大力度地攻击约伯。说人像毒蛇，显然是对极恶之徒的毫无保留的形容，然而，琐法却以比那更高一筹的"虺蛇的恶毒"来形容约伯"邪恶"的程度。约伯听着此话，自然激愤难耐，血气翻腾。

第15节说："他吞了财宝，还要吐出，神要从他腹中掏出来。"琐法说此话，并非由于明白神的旨意，乃是援引祖先口中的话，宣泄自己的负面情绪。

种什么收什么；照着各人所行的报应我们，这是神公义的法则。人若行恶，最终收的必然是恶果，这是天经地义。综观我国的历史，或世界历史，作恶之人的末路都极为悲惨。

这是天理，是神的旨意，是灵界的法则。人用奸恶的手段，做了损人利己的事，或许会一时兴旺通达，但因为神是又真又活的，所以他们最终必然倾覆败落，哀叹流泪。

这地上的痛苦必将延伸到地狱，他们将永世经受不灭之火焚身的痛苦。

第16节说："他必吸饮虺蛇的毒气，蝮蛇的舌头也必杀他。"这是什么意思呢？

这里"虺蛇的毒气"是指邪恶，以及死亡。"吸饮虺蛇的毒气"是指约伯追随恶事，肆无忌惮地行恶，必然遭到报应。

> "流奶与蜜之河，他不得再见。他劳碌得来的要赔还，不得享用(原文作"吞下")，不能照所得的财货欢乐。他欺压穷人，且又离弃，强取非自己所盖的房屋(或作"强取房屋不得再建造")。"(20章17-19节)

琐法说："流奶与蜜之河，他不得再见。他劳碌得来的要赔还，不得享用，"意思是：约伯已经失去了赖以生存、享受富有的地产和一切所有的,便永不得再见。

　　琐法之所以这么说,是因为在他们看来,约伯已彻底崩溃、败落,任何解救之方,都将失去效力,东山再起的希望已是完全破灭。

　　若有人因落到像约伯一样的处境,就觉得自己再无复苏的希望,那么他应该知道这是人的想法,是没有信心的表现。就算一切希望都被破灭,落得个穷途末路的境地,只要悔改认罪,凭着信心讨神的喜悦,神必向你伸出施恩的手,使你立刻卷土重来,甚至比先前站得更稳。

　　第18节说:"不能照所得的财货欢乐",是指约伯即便以正当手段获得财富,也无法去享用,因为这些财富必将不翼而飞。

　　琐法在第19节里,将约伯遭殃的原因归结为:"他欺压穷人,且又离弃,强取非自己所盖的房屋。"然而,约伯从未行过这样的事。琐法因不胜自己的恼恨情绪,就对约伯加以诬陷和谩骂。

　　在历史上,有很多君主或有权有势的人,置民生于不顾,冷落穷人,这就跟欺压穷人,离弃穷人没有两样。他们只顾自己的利益,不顾百姓生死安危,就等于强取别人的房屋。

　　然而,约伯并不是他们所谓的那种恶人。琐法是在宣泄自己的愤恨,无中生有,诬告约伯。负面情绪是愚拙和无益的。这会使我们触犯大罪,给别人造成伤害。

我们应当除去不良情绪，把守自己的口，不说不怀好意的话，只说造就人的善言良语。

这里所谓"情绪"是指不正当或不愉快的情感，即指负面情绪。情绪是纷争的原因，是心里厌烦、生气，或埋怨的违背真理的情感，故此我们应当从心里将其除去净尽。

我们照常不住热切地祷告，就能得到圣灵的帮助和神的恩典。这样就能把负面情绪从我们心中完全除净。不良情绪，对我们有害无益，反而会使仇敌魔鬼撒但拍手称快，因为我们与人相处的时候，一旦情绪爆发，就会犯很多的罪。

"他因贪而无厌，所喜悦的连一样也不能保守。其余的没有一样他不吞灭，所以他的福乐不能长久。他在满足有余的时候，必到狭窄的地步；凡受苦楚的人，都必加手在他身上。他正要充满肚腹的时候，神必将猛烈的忿怒降在他身上；正在他吃饭的时候，要将这忿怒像雨降在他身上。"（20章20-23节）

这里所谓"他"是个恶人，是指着约伯说的。人的贪欲是没有满足的。贪欲一旦在人的心里滋生，就会不停地增长。信心的种子落在人的心里，也会生根发芽，渐渐壮大，以至能够搬山移海；私欲怀胎，就生出罪来，罪既长成就生出死来（雅各书1章15节）。人心里滋生贪欲,就会丧失自制能力,用不义的手段去获取财富、地位。

贪钱的人会用各种计谋进行欺诈,坑害他人。有些人为了获取名利、权势而不择手段,使很多人成为他们阴谋的"牺牲品",他们流无辜人的血,直至他们掌握实权。

琐法用属肉的眼光去揣度约伯,不停地对他进行谴责和批评。然而,神熬炼约伯是要他成为更好的器皿,要赐他更大的祝福。约伯家道败落,人财两空,并非由于他居心顽恶、贪而无厌的缘故。

第21节说:"其余的没有一样他不吞灭,所以他的福乐不能长久。"此话本身是真理,是琐法从古人口中听到的。

意思是:当人私欲怀胎,贪而无厌的时候,起初看似福乐安康,但不久所有的成果都将被人洗劫一空,变得一无所有。

在世界历史上,我们可以看到一些国家元首,由于私欲怀胎,导致声望、权柄和财富毁于一旦,一切功绩归为虚空。

有一位总统,若他遵守法律,便能得到百姓的拥戴,可是由于起了贪念,修改宪法,而且一次不够,后来再次强行改宪。大选公约付之东流,又发表另一套计划,最终落得悲惨的结局。

第22节说"他在满足有余的时候,必到狭窄的地步;"是什么意思呢?

"狭窄的地步"是指遭到厄运，落到困苦的境地。也就是说：因为约伯的富有是建立在邪恶的基础上，所以他的福乐不能长久，到时必然败落，陷入患难。

第23节说："他正要充满肚腹的时候，神必将猛烈的忿怒降在他身上；正在他吃饭的时候，要将这忿怒像雨降在他身上。"这里"充满肚腹"是指享受富足，满足欲望。

例如：某个总统虽然取得了非凡的业绩，任期结束后移交了权力，但他曾经所行的恶，引起神的烈怒，最终被关在黑暗之中，落到所有财产将被没收的地步。这就是所谓神猛烈的忿怒降在人身上。

那么"要将这忿怒像雨降在他身上"是什么意思呢？是说约伯现在被推到风口浪尖之上，成为众矢之的。

> "他要躲避铁器，铜弓的箭要将他射透。他把箭一抽，就从他身上出来；发光的箭头从他胆中出来，有惊惶临在他身上。他的财宝归于黑暗，人所不吹的火，要把他烧灭，要把他帐棚中所剩下的烧毁。"（20章24-26节）

琐法说：恶人要躲避铁器，铜弓的箭要将他射透，可以从两方面来解释。

"约伯！你总是逃避朋友的规劝，我们只好用严厉的训斥射透你的心，使你在痛楚中有所悔悟，你或许能躲得过我们的劝勉，但铜弓的箭必要射透你。"

另外一种意思是：铁器飞来，人只要眼疾手快，就能抵挡或躲闪，但铜弓的箭速度极快，人便来不及躲开。这表示铜弓的箭要比铁器更为可怕。

第25节说："他把箭一抽，就从他身上出来；发光的箭头从他胆中出来，有惊惶临在他身上。"

人被箭射穿，其痛苦是难以言喻的。如果把箭从身上抽出来，疼痛便会止息，但琐法声称之后必有惊惶接踵而至。

此话，若只从字面意义上去思考，就很难理解其意思。假如有一个人由于被别人欺诈，怒不可遏，就杀了那行骗的人。

此人虽然极其愤怒而故意杀人，但当他看到对方已经死亡，便如梦初醒，恍然大悟："我杀人了！"同时恐惧感袭上心头。木已成舟，覆水难收，他会因惊惶失措、痛苦悔叹道："我怎能惹出这么大的祸啊！"

"约伯！你即使把箭从身上抽出来，仍要继续遭受这般痛苦，你必遭遇更为可怕的事。"琐法是在胁迫和恐吓约伯，要使他痛苦和惊惶。我们万不可犯这样的错误，给别人带来痛苦和忧伤。

当约伯记进入尾声的时候，我们可以看到神的愤怒临到约伯的三个朋友，必须由约伯为他们代求，神才肯赦免他们的罪。

第26节说："他的财宝归于黑暗，人所不吹的火，要把他烧灭，要把他帐棚中所剩下的烧毁。"

琐法素来对约伯财物甚多感到嫉妒。琐法说约伯因为用贪婪的心聚敛不义之财，所以他的财宝必将归于黑暗，他要被禁锢在黑暗中，失去自由，或者在黑暗中摸索，流离彷徨。

"约伯！你遭遇大灾是由于你是恶人，神向你掩面，遭到撒但的亵渎所致。即使人不祸害你，你也注定灭亡。"

在黑暗中，人们不能互动、交流，如同被监禁，失去自由，摸索彷徨。由于遭到众人唾弃，他所拥有的地位、名望也会消为无有。

"天要显明他的罪孽，地要兴起攻击他。他的家产必然过去，神发怒的日子，他的货物都要消灭。这是恶人从神所得的份，是神为他所定的产业。"（20章27-29节）

琐法是在说：因为神揭露约伯的罪孽，所以约伯的前景暗淡，毫无指望。

神若不饶恕人的罪，人所谋的一切都将归为虚空，他的气力必将耗尽，前途必是一片茫然，他对人生的指望、期盼和向往都将成为泡影。

"地"是人类赖以生存、享受福乐的物质基础。现在琐法说连这一切都要消失。他还说"这是恶人从神所得的份,是神为他所定的产业"。

然而,我们应当知道琐法的话是错误的,上述的这些都不是神给约伯所定的产业。神给世界万事设定了法则,凡事都有前因后果。

全知全能的神,参透万事,预知未来。祂是预知预定的神,祂按着公义设定了救恩的范围,但并非凡事都已预定。

神通过律法设定了救恩的范围。然而,进不进那救恩的范围,就全靠人的自由意志选择了。

神若早已预定各人的命运,那么神不仅无法审判人,更无需施行审判。

属肉的人 属灵的人（上）
Man of Flesh, Man of Spirit I

本书所引圣经经文取自《现代标点和合本》

作　　者: 李载禄
编　　辑: 宾锦善
设　　计: 乌陵出版社设计组
发　　行: 乌陵出版社（发行人: 宾圣男）
印　　刷: 艺源印刷厂
出版日期: 2007年 4月初版（韩国，乌陵出版社，韩国语）
　　　　　2011年11月初版（韩国，乌陵出版社）

Copyright © 2011 李载禄博士
ISBN 978-89-7557-511-2
ISBN 978-89-7557-510-5(set)
Translation Copyright © 2011 郑求英博士

问 讯 处: 乌陵出版社
电　　话: 82-2-837-7632 / 82-70-8240-2072
传　　真: 82-2-869-1537

"乌陵"是旧约时代的大祭司为了求问神的旨意而使用的决断的胸牌，希伯来原意为"光"（出埃及记28章30节）。"光"代表着将我们引入生命的神的话语，因此"乌陵"也是代表着本为光的神。乌陵出版社为了用真光照亮整个世界，如今正在以祷告和赤诚，奔跑在文书宣教的前沿。